卓越领导的七项修炼

危机才是成就领袖的真礼物

〔美〕比尔·乔治（Bill George） 著

刘祥亚 译

重庆出版集团 重庆出版社

Seven Lessons for Leading in Crisis by Bill George

Copyright © 2009 by Bill George

Original English Language edition published by Jossey-Bass

This edition is published by arrangement with John Wiley & Sons International Rights, Inc.

Simplified Chinese Edition Copyright © 2010 by **Grand China Publishing House**

This translation published under license.

All rights reserved.

No part of this book may be used or reproduced in any manner whatever without written permission except in the case of brief quotations embodied in critical articles or reviews.

版贸核渝字 (2010) 第167号

图书在版编目（CIP）数据

卓越领导的七项修炼/〔美〕乔治著；刘祥亚译.—重庆：重庆出版社，2010.12
书名原文：Seven Lessons for Leading in Crisis

ISBN 978-7-229-03067-4

Ⅰ.①卓… Ⅱ.①乔… ②刘… Ⅲ.①领导学 Ⅳ.①C933

中国版本图书馆CIP数据核字(2010)第212251号

卓越领导的七项修炼
ZHUOYUE LINGDAO DE QIXIANG XIULIAN

〔美〕比尔·乔治 著

刘祥亚 译

出 版 人：罗小卫
策　　划：中资海派·重庆出版集团科技出版中心
执行策划：黄 河 桂 林
责任编辑：温远才 朱小玉
版式设计：王 芳
封面设计：肖 杰 伍勋亮

重庆出版集团
重庆出版社 出版

（重庆长江二路205号）

深圳市鹰达印刷包装有限公司制版 印刷
重庆出版集团图书发行有限公司 发行
邮购电话：023-68809452
E-mail：fxchu@cqph.com
全国新华书店经销

开本：787mm×1 092mm 1/16 印张：12 字数：129千
2010年12月第1版 2010年12月第1次印刷
定价：26.80元

如有印装质量问题，请致电：023-68706683

献给所有建立长青组织的卓越领导者，

是他们在把这个世界变成更好的生存之地

权威推荐

贺 利

中国国际航空股份有限公司副总裁

修炼危机领导力

这是一个危机频发的时代，唯一确定的就是不确定，危机领导力已经变得非常重要！近几年来，我们身边发生的重大危机事故，汶川大地震、墨西哥湾漏油事件、全球金融危机、伊春空难等，无一不是对领导者危机管理能力的极大考验。纽约前市长朱利安尼曾经指出："领导者在享受特权的同时，必须承担起更大的责任，在风险或危机来临时，有勇气站出来，单独扛起压力。"

平静的大海永远无法造就优秀的水手！危机是领导者修炼领导力不可或缺的熔炉。大多数人在危机面前显得慌乱无序、惶恐无助，危机则成了卓越领导的试金石。正如比尔·乔治所说："没有什么比危机更能考验一个人的领导力了。一个人最终能否成为真正的领袖人物，完全看他在危机面前的表现。"

我所在的航空业更是一个危机高发的行业。航空运输业是一个被称为"好汉不愿干，赖汉干不了"的行业，它不仅人员、资金、技术密集，而且服务内容广、运营环节多、安全期望高，因而对领导者提出了更高的要求。在这个行业里，必须时刻保持警惕，修炼自己应对危机的管理技能和领导素质。

危机中，如何赢得信任是领导者面临的最大挑战。温家宝总理在金融危机爆发时也曾指出："在经济困难面前，信心比黄金和货币更重要。"在危机管理的整个过程中，需要以伟大的领导力来赢得相关利益方的信心和信任。危机中最富杀伤力的是信任危机，最难以弥补的是信心丧失！

我在北京飞机维修工程有限公司 (Ameco) 任 CEO 的时候，曾经处理过一次美国联邦航空管理局 (FAA) 资质认证危机。在这次危机中，我深刻认识到信心和信任的重要性，我也领悟到：危机领导力包括预控力、感召力、协同力、决断力、创新力等几个方面，这些方面相互支撑、有机联系，共同构成克服危机的最大装备。

在《卓越领导的七项修炼》一书中，比尔·乔治结合自己担任美敦力 CEO 的经历，总结提炼了众多卓越领导者带领企业渡过危机的经验，明确指出领导者在危机中必备的 7 项修炼。我发现，这 7 项修炼与我处理 Ameco 资质认证危机时所展现的危机领导力的"五力"模型有着内在的惊人一致。每次捧读书稿，都会引起我的共鸣。因此，我相信这本书传递的思想理念肯定经得起各种危机考验。

专家推荐1

顾　远
德鲁克管理学院资深公益讲师
"善淘"网络联合创始人

危机时代的领导力秘诀

40 年前，南加州大学教授本尼斯的名言"管理有余，领导不足"拉开了"领导力"时代的序幕。从那以后，谈论领导者和领导力的书便一直在管理者书架上占据着一席之地。近些年，此类书籍数量之多，更是蔚为大观，既呼应着时代的需求，更成为出版商挖掘不尽的"金矿"。

此时，这样一本名为《卓越领导的七项修炼》的书又能带来怎样的新意？

与传授通用领导力技能的书不同，本书重在指导领导者在面临"危机"这种特定情境下如何寻找力量承担职责，带领组织渡过难关，并在危机之后开创出一番新的天地。

今天的时代是一个"不连续的时代"，我们无法从过去预测未来，也不能从既往的辉煌推断出未来持久的成功。今天的时代是一个"不一样的时代"，不一样的顾客、不一样的市场、不一样的对手、不一样的员工，除了"变化"是永恒的，其他的一切似乎都不再一样。这样的时代必然是一个充满危机的时代，而危机往往会在最不经意的时间因为最不起眼的事情以最出人意料的形式出现。所以领导者必须习惯危机的存在，必须学会有效地应对危机。

事实上，领导者的角色也正是在危机中才会表现得最为突出。风平浪静的时候任何人都能够掌舵，只有在暴风雨来临时人们才会想起船长。应对危机既是对领导力的一种实践训练，也是对领导力的一次严峻考验，正像本书作者所说："你不仅必须要动用自己的全部智慧来带领组织穿越危机，而且要学会深入自己的内心，找到勇气的根源，帮助自己继续前行。"然而在现实中，我们已经见过太多的领导者在危机面前选择逃避，选择不作为，选择为自己辩解。作者在书中毫不留情地指出，这种情况的出现往往是因为"他们的形象在很大程度上取决于他们外在的成功，所以他们很容易把事业上的成功和自己的自我价值混为一谈。失败会对他们造成极深的创伤，甚至永远无法愈合，所以他们会选择逃避"。

那么那些没有选择逃避的领导者又该从哪里获得勇气和力量？在领导力紧缺的时代，大量的书籍告诉我们要从帝王将相、英雄人物、成功人士那里领悟领导的真谛，甚至大雁和狼也成了我们学习的榜样。而在《卓越领导的七项修炼》一书中，作者指出领导者首先要从自我中寻找力量，找到并坚守自己的"真北"，才能有勇气去面对一切困难挑战。尼采说得好："懂得为何而活的人，几乎任何痛苦都可以承受。"唯有如此，领导者才能够在危机时刻做到头脑清醒、内心坚定、方向明确。同时，向自我寻找力量并不意味着排斥来自他人的帮助。作者进一步指出领导者需要正视自己作为"人"的一面，勇于承认自己的脆弱和不足，用真诚来赢得他人的信任从而获得解决危机所需的资源和支持。

没错，这些观点听上去像是老生常谈。然而就像人们用"听说的人很多，读过的人很少"来定义"经典"一样，这些常识在现实中往往也是"知道的人多，做到的人少"。作者在本书中提供了丰富的案例和自己在多家大型公司担任高层领导者的亲身经历，用优美流畅的文笔，将这些常识进行了有机的组织，为领导者提供了应对危机时的基本原则和指导思想。对于身处危机时代的领导者而言，本书既是一份自我修炼的事项清单，也是一本实际应对时的工具手册。

危机随时可能会发生，因此领导者不能够等到危机到来之时才去临时抱佛脚；危机也不会自动转化为机遇，它需要领导者将领导力视作一种日常工作和职责。希望《卓越领导的七项修炼》可以出现在广大领导者的案头读物之中，帮助他们在这个充满危机的时代从容应对。

专家推荐2

杨思卓

中央人民广播电台"思卓书坊"栏目主持

北京大学企业家研究中心副主任

借助他人，你才是巨人

不管你是平和型的还是力量型的人，只要你站到了领导人的位置上，总会闻到战场的硝烟。勇敢的你冲了上去，于是你可能成为英雄，但这是小概率事件；你也可能成了烈士，这是大概率。问题是，我们看到的大部分的领导者，都是后一种，在他们的足迹之中，依稀看得出两个字"悲壮"。

如果，你也是一个具有英雄情结的领导者的话，你会看到许多人的背景。其中的某个人，当他身陷牢狱的时候，他亲手创立的企业会离他而去，他的董事会将他告上法庭。

与其说是悲壮，不如说是悲凉。因为他们没有经历过，也没有人告诉他们该怎么做。"谁能告诉我，是对还是错？"

现在终于有人告诉我们了，这就是比尔·乔治。一个做过世界名企CEO的人。他的告诫，就写在这本《卓越领导的七项修炼》里。他告诉我们危机来临时，有些领导者喜欢独力担起所有的重担，这不是明智的选择。

里边的案例相当生动：摩根士丹利 CEO 裴熙亮就曾经遇到过类似的情况。2004 年流年不利，他遇到了许多棘手的问题，但裴熙亮并没有走出去了解情况，也没有坐下来，召集公司执行官们来共商对策，相反，他把所有问题自己扛。最后，一群执行官们联合起来造反，并成功地迫使一向支持裴熙亮的董事会开始倒戈相击，结果让"英雄"变成了"恐龙"。

不借助他人，你成不了巨人。不研究失败，就会重演失败。《卓越领导的七项修炼》给读者带来的最大收益，是可以让我们防患未然。

《金融邮报》推荐

商界巨人的考验与选择

比尔·乔治的《卓越领导的七项修炼》的引言部分差不多就能值回整本书的价钱了，这种情形在当今并不常见。该书的引言简明扼要地解释了 2008 – 2009 年的金融大崩溃，条理清晰，深入浅出。他列出了一长串的名字，丝毫没有手下留情。

不过，仅仅读过引言还是不够的。

比尔·乔治是哈佛商学院管理学教授，以其本人在现实世界商场上打拼的经历为基础开设了一门有关领导力的课程。他是美敦力（Medtronic）公司前任 CEO，拥有着骄人的业绩，曾一度被美国公共广播公司（PBS）评选为"25 年来最顶级的 25 位商业领袖"。在多年的职业生涯中，他担任过很多不同的角色，并获得了很多的奖项和赞誉。

领导力的考验

在引言中，比尔·乔治写道："没有什么能比危机更能考验一个人的领导力了。一个人最终能否成为真正的领袖人物，完全看他在危机面前的表现。"他在接下来的内容中对一系列的危机进行了详细描述。尽管我们当中的大部分人都不可能有像乔治一样广泛的高管经历，但这些课程对于任何一个企业领导者而言都非常适用。

举例来说，在第 1 章"直面现实，从自己开始"中，乔治写道："领导者在面对挑战的时候，常常会对其紧急程度和严重程度视而不见。"你上一次否定企业中或生活中的危机是在什么时候？

乔治以大量身陷危机中的企业为例，与我们分享了那些成功解除了这些危机的领导者的经验——尽管这些领导者在一开始的时候也曾有过否定危机的行为。比如，他介绍了沃伦·巴菲特如何在 1991 年成功挽救了所罗门兄弟公司（Salomon Brothers），展示了有胆识的领导者是怎样采取行动的，即使是个人信用受到考验也不能让他们失去勇气。

在阅读《卓越领导的七项修炼》的时候，我深深地为乔治在描写公司所面临的挑战、内斗和胜利时那种清晰、洗练的笔法所折服。故事本身简明易懂，故事所传达出来的教育意义也容易为人所接受。读过之后，我甚至开始在头脑中刻画危机中的领导者们的形象。

乔治还指出，那些整天待在办公室里从不利用其各种感官去碰、去闻、去敲、去看、去听、去亲身体验以触发其感情和直觉的领导者们是身处危险而不自知的。他还讲述了他自己的经历。他经常下到工厂和实验室去视察，以随时掌握组织内所发生的各种情况。也正因为如此，他才会在管理上做得如此成功。

在第3章"整合团队，找到问题根源"中，乔治建议领导者们在信任与自己一起工作的这些人的同时，还要凭借第一印象对任何来自市场、实验室人员或生产线人员的信息进行验证。乔治还举了几个例子，讲述了那些从不对信息进行验证的领导者们是怎样被麻烦缠身的。

"重塑领导力，作好打持久战的准备"这一章讲述了一个非常具有启发意义的如何再造领导力的故事。先假定自己被解雇，然后思考：如果我是自己的继任者，我该怎么做？有多少领导者在走进办公室的时候能够真正地以全新的眼光审视一切并改变公司的运作模式呢？乔治举了几个领导者的例子，他们都做到了这一点。

这本书让我欣赏的另一点是，乔治指出了企业不能只关注底线。事实上，作者还清楚地阐明了"底线思维"在最近的这次金融危机中起到了怎样的推波助澜的作用。他的论证十分有力，例证清楚，令人难以反驳。

一切为了价值

第6章告诉领导者们如何在万众瞩目的情形下应付裕如，以及如何通过坚持自己的价值主张让自己为人所知，并为自己的价值主张负责。这一点对很多主管来说非常困难，就如同最近这次金融危机所展示出来的那样，很多主管不是没有价值主张就是没能坚持其价值主张。在谈到此种情况下应该如何面对媒体时，乔治说："如果你能够开诚布公，媒体会公正地对待你的。"

第7章"主动出击，全力制胜"检视了卓越领导力的另外一部分内涵，即发起进攻，争取胜利，而不是坐等危机结束。乔治指出，真正的领导者能够重新打开市场的局面。他说，这要求领导者们对于未来的市场应该是怎样一番景象拥有清晰的愿景，并制定有针对性的战略来重塑市场，在这之后就是要积极采取坚决措施将战略付诸实践。

《卓越领导的七项修炼》的每一页内容都非常扎实。与其他不少企管类书籍不同的是，本书所传达的信息一目了然，简明易懂。这本书读来十分轻松而且饶有趣味。这也是一本我每有机会就会再次捧读的书。

名家推荐

沃伦·本尼斯
领导学之父
四任美国总统顾问

危机造就卓越领导

尼克斯·卡赞察斯基 (Nikos Kazantzakis) 在其大作《致格列克的报告》(*Report to Greco*) 一书中曾引用过一句中国古语："我诅咒你，愿你生于乱世。"想想看，这世上还有比我们正经历的这个乱世更值得诅咒的吗？

按照比尔·乔治的说法，危机是考验领导者的关键时刻。这本新书正是比尔为生活在危机之中的领导者们提供的绝佳指南。当然，比尔并没有提供类似于实用手册之类的东西。那不是他的风格。他的目的在于帮助领导者们（可能是一生中第一次）理解自己的内心，并将它作为最可靠的工具，来指引自己穿越那些人生中的惊涛骇浪。

他和我都喜欢把人生的那些巨大挑战描述为"坩埚经历"，我们相信，这些挑战对于塑造我们的领导力，帮助我们更好地改变这个世界至关重要。我最近发现了一个非常有趣的说法：我们这个时代新近崛起的一代正是"坩埚一代"，他们正在经受上一代人的失败所带来的煎熬，并不得不努力奋起到达一个新的高度。1780 年，阿比盖尔·亚当斯（Abigail Adams，美国第二任总统约翰·亚当斯的妻子。——译者注）曾这样告诫自己的儿子约翰·昆西·亚当斯（John Quincy Adams，美国第六任总统。——译者注）："平静的生活，或者安宁的温柔之乡，根本无法造就伟大的性格。活跃的大脑所拥有的习惯都是在逆境中奋争时所养成的。只有伟大的需求，才能召唤出伟大的品德。"

比尔的确是把危机看成一种天赐机缘，一件难以估量的礼物，它可以帮助领导者重塑自己和自己所在的组织。对于那些曾经在私营公司、政府部门、非营利组织工作过，同时又懂得该如何思考自己的经历，并以此带给人们教益的人，比尔的这番思考无疑有着特殊的分量。

正因如此，比尔才成为一位充满关爱和灵感的导师。他在本书第 2 章中慷慨地称我为他的导师，宣称自己在不确定的时候总是会向我寻求帮助。但事实上，多年来，我从比尔那里反而学到很多。他帮助我重新界定了领导力的核心：从本质上来说，领导力是一种品格问题。比尔清晰地指出领导者们可以而且必须发现自己的真北，这一观点让我和很多人都受益无穷。

在当今这个讲求实用、追求技术的时代，很多人会感觉把领导力和一个人的品格联系起来似乎过于感性和教条。但在我看来，比尔·乔治的一生就是一个绝佳的例子。比尔在压力之下养成的完美品格本身就堪为当今那些雄心勃勃的领导者的现实榜样。我甚至可以断言，只有当一个人拥有强大的品格时，他才能在遇到压力时不被那些幻象和假象所迷惑。

比尔在书中不仅讲述了自己的个人经历，而且还提到了他多年来研究过的成百上千家组织的相关案例。遇到考验时，为什么有些人会作出正确的选择，而有些人则会做出错误的选择？在这个问题上，比尔以其特有的大师风范阐明了自己的见解。

当一个人找到自己的真北，并朝着自己的真北前进时，他就会焕然一新，对此我可以提供一个重要案例。正如大家将在随后的内容中看到的那样，比尔在自己人生中的一个关键时刻曾经作出一个重要选择：他选择的人生方向要比他在公司里的升职更加重要。他从一家声名显赫的大公司（但这家公司并不符合他的人生方向）的 CEO 候选人，变成了一家相对较小的公司（但比较符合他的人生方向）的 CEO。

我发现，大多数有野心的领导者都会被各种头衔迷惑，但让我感到震撼的是，一旦比尔锁定了自己的真北，他的人生很快就彻底改观。正如"真北"一词所暗指的那样，追随真北的人一定会按照自己的人生理想前行，并在这个过程中感染更多的人加入进来。从这个角度来说，在组织和社会内部研究领导者的领导艺术和个人经历与研究赤裸裸的权力完全不同。

那些决心遵从一个有意义的方向的人往往能够在迷雾之中找到自己的方向，并带领周围的人追随自己。相比之下，那些只想着牢牢掌控权力的人所管理的组织则会在危机面前顷刻陷入崩溃。前者会带领组织渡过危境，或者如果必要的话，甚至会在必要的时候改造环境；而后者则只会埋怨命运，或埋怨其他人跟自己过不去。

在今天这个时代，上万亿美元的净值瞬间灰飞烟灭，许多人的职业生涯毁于一旦，一些年轻人的职业生涯刚刚开始便陷入崩溃……这一切让我想起了马龙·白兰度在《码头风云》(*On The Waterfront*) 中扮演的特里·马洛 (Terry Malloy)。他把自己拳击生涯的终结归罪于自己的兄弟和同事，当他在一场比赛中选择接受事先安排的结果时，他埋怨道："我本来可以成为一名挑战者。我可以成为一个有头有脸的人物，而不是一个沙袋，可看看我现在，现在是个什么样子。都怪你，查理。"但真正的领导者却敢于担当责任，绝不会纠结于以往的失败，他们会在空气中寻到蛛丝马迹，发现别人无法觉察的机会。

比尔在本书最后一部分中谈到了乔纳森·阿尔特 (Jonathan Alter) 关于美国危机领导永远的偶像级人物富兰克林·罗斯福的一本书。事实上，就在几年之前，阿尔特曾经有过一句名言："**任何人都可以带领人们去往他们想去的地方，但真正的领导者却能激励他们作出更大的牺牲，付出更多的努力。这正是领导者价值观的力量所在。他们必须学会用自己的权力去做事，而不只是为了掌握权力。**"

事实上，这也正是比尔思想体系的本质，是他在当今这个重要时代（而且这个时代正变得越来越重要）所言所行的真正精髓。

加利福尼亚，圣莫尼卡

2009 年 6 月

目　录

权 威 推 荐　修炼危机领导力　3

专家推荐 1　危机时代的领导力秘诀　5

专家推荐 2　借助他人，你才是巨人　8

《金融邮报》推荐　商界巨人的考验与选择　10

名 家 推 荐　危机造就卓越领导　14

引　言　领导力的终极考验　23

一个人最终能否成为真正的领袖人物，完全看他在危机面前的表现。而危机之所以能考验一个人的领导力极限，最根本的原因就在于它的结果通常很难预料。

领导者成长于危机之中　25

谁能通过考验　27

全球经济危机　28

当前危机的预警　29

安然公司和安达信的倒掉　30

当前这场经济危机的根源　31

开始你的修炼旅程　33

第 1 章　直面现实，从自己开始　37

在危机之中，你应当把公司的短期收益放到一边，要不计成本地解决眼前的问题。最为重要的是，在了解内部究竟发生什么事情之前，千万不要盲目地从外部判断一个组织的领导层。

直面现实　41

逃避解决不了问题　44

为什么面对现实这么难　46

不要杀掉报信人　47

很难承认自己的错误　48

只有当你承认自己要对问题负责时　50

第2章　不要做大力神，学会寻求帮助　55

我知道自己需要后退一步，做个深呼吸，提醒自己并不是在孤军奋战。我必须把整个世界从自己肩膀上移开，从别人那里寻求帮助。

独力的危险　58

两种相互争斗的声音　59

向你的团队求助　61

寻求外部帮助　64

愿意承认自己是脆弱的　65

培养自己的韧性　68

第3章　整合团队，找到问题根源　73

危机好比你家后院的杂草，地下可谓盘根错节。如果你只是斩草而没有除根，问题很快就会卷土重来。

相信，但要印证　76

了解问题的根本　77

你找到根源了吗　81

危机归来　82

整合团队　84

第4章 重塑领导力，作好打持久战的准备 89

他们就像是航海中的水手，以为只要盖好舱口，等待风暴过去就行了。但想想看，如果风暴一直不过去怎么办？

事情仍在恶化 92

危机都有很深的根源 94

采取果断行动 95

危机之中，现金为王 99

应对早期预警信号 100

第5章 珍惜危机，引燃组织的未来 105

虽然人们很难在危机之中看到机遇，但在很多情况下，危机的确能帮助你重塑自己的组织。

浪费一场好危机 109

创造危机来提高自己的竞争力 111

西门子的那点事 112

用危机引燃未来 114

郭士纳和 IBM 的转型 115

第6章 聚光灯下，坚守真北 121

危机爆发时，公众会把所有的注意力都转移到领导者身上。人们迫切需要获取信息，他们会仔细观察领导者的一言一行，希望从他们的身体语言、面部表情，甚至是领带和衣服的颜色中得到有用的线索。

要保持透明　125

将内部沟通和外部沟通糅合到一起　126

应对"叛徒"　128

创建坦诚的组织文化　129

对外展露自信，对内表现怀疑　129

谁应当对危机负责　131

第7章　主动出击，全力制胜　139

危机过后，市场绝对不会回复之前的样子。这就要求你对危机之后的客户需求作出清晰预测，制定一份目标明确的策略来重塑市场。

改造市场以及你的公司　142

在逆境中投资　148

全力制胜的7个步骤　150

尾　声　危机可能是你的决定性时刻　157

你当前或者终将会面对的危机很可能会成为你职业生涯中的决定性时刻。一旦你下定决心，拿出勇气，宇宙苍生都会应声而动，帮助你将梦想变成现实。

每个人都有决定性时刻　161

让世界变得不同　163

附录1　《卓越领导的七项修炼》中研究过的领导者　165

附录2　你的个人领导力发展计划　172

附录3　《卓越领导的七项修炼》中出现的部分公司简介　176

致　谢　183

作者简介　185

引　言

Introduction

领导力的终极考验

The Ultimate Test of Leadership

一个人最终能否成为真正的领袖人物，完全看他在危机面前的表现。而危机之所以能考验一个人的领导力极限，最根本的原因就在于它的结果通常很难预料。

平静的生活，或者安宁的温柔之乡，根本无法造就伟大的性格。活跃的大脑所拥有的习惯都是在逆境中奋争时所养成的。只有伟大的需求，才能召唤出伟大的品德。

阿比盖尔·亚当斯

美国第六任总统约翰·昆西·亚当斯之母

没有什么比危机更能考验一个人的领导力了。一个人最终能否成为真正的领袖人物，完全看他在危机面前的表现。

危机摧毁了很多领导者及其领导的组织，而另外一些领导者却能冲破困境，证明自己的能力。

为什么带领你的组织穿越困境会如此困难呢？正如在战场上作战一样，危机之所以能考验你的领导力极限，最根本的原因就在于它的结果通常很难预料。你不仅要动用自己的全部智慧来带领组织穿越危机，而且要学会深入自己的内心，找到勇气的根源，帮助自己继续前行。

领导者成长于危机之中

2008 ～ 2009 年经济危机的根源并不是次贷危机、信贷违约掉期，也不是过度的贪婪。这些都只是问题的表象。真正的根源在于领导者没有尽到自己的职责，没能忠于自己的真北。在《真北》一书中，我把"真北"定义为"一个人的内部指针，能够指导你一生的信念、价值观和原则"。危机正可以考验你能否坚守自己的信念。

当一切进展顺利时，坚守信念相对容易得多。但一旦遇到危机，遭遇巨大压力时，你还能做到吗？当你面对诱惑，想要放弃原则来渡过危机时，你还能坚守自己的真北吗？当你多年辛苦经营的一切都可能毁于一旦时，你会如何应对呢？

能够坚守自己真北的领导者们会时刻准备着带领自己的组织穿越危机，因为他们知道自己是谁。他们对自己有着清醒的认知，有着充分的自信，能够对自己的失误承担起责任，能够带领其他人对眼前所发生的事件——而且经常是难以预料的事件——快速理清头绪。他们总能在关键时刻挺身而出，展现出前所未有的领导能力，光芒四射地穿越逆境。

有这么一句古谚："平静的大海永远无法造就娴熟的水手。"管理一家蒸蒸日上的企业要比带领它穿越逆境容易得多。**成长期根本无法考验一个人内心的坚忍，只有大问题出现时，才能看得出一个人是否足够坚忍。**成长期也无法判定你能否在形势严峻时坚守阵地。经营一家平稳的企业需要的是纪律和管理技巧，但它并不能考量出一个人真正的领导能力。

不幸的是，危机没有训练场，要想学会应对危机，唯一的办法就是去亲自经历一场危机。MBA 项目并不能教会你如何应对危机。危机模拟练习也只是模拟而已，不是实战。研究领导者们应对危机的案例或许会有一些帮助，但只有当你真正面对危机时，你才能知道该如何应对。

那些从来没有经历过危机的领导者很可能会在危机到来时手足无措——因为危机总是会伴随着诸多不确定因素。有些人会在危机面前不战而降，也有些人会不知所措，还有些人则会犯下大错——但最终却能从中学到很多，并在下一次遇到危机时更加懂得如何应对。

谁能通过考验

压力之下，有些领导者不仅能通过考验，而且他们的领导能力还会愈战愈强。20 世纪 90 年代中期，当郭士纳（Lou Gerster）接管 IBM，安妮·马尔卡希（Anne Mulcahy）接过施乐公司时，都曾经发生过类似的情况。在接过一家濒临破产的公司时，他们表现出了强大的领导力，不仅挽救了自己的公司，而且还带领它们在各自的领域内恢复了昔日的尊崇地位。

要想像郭士纳和马尔卡希那样带领组织穿越逆境，领导者们必须深入自己的内心去获取智慧和勇气。正如杰夫·伊梅尔特(Jeff Immelt) 在谈到自己早期在 GE 塑料部门的一次经历时所说的那样："领导是一场深入自己内心灵魂的一次漫长旅程。遇到危机时，没有人能够告诉你该怎么办。"伊梅尔特语重心长地谈到了今天的 CEO 们所面临的复杂挑战：他们不仅要同时应对经济危机、大规模的技术变革、全球化竞争、股东短期收益等挑战，同时还要应对政府部门的监管和干涉。

可悲的是，许多领导者都无法应对这些挑战。有些年长的领导者一旦失败，便很难卷土重来。大多数情况下，他们会为自己的失败寻找借口，甚至归咎于其他人，却丝毫意识不到真正的原因在于自己缺乏领导力。

在中文当中,"危机"一词由两个字组成,"危"表示危险,"机"表示机遇。对于当今的领导者来说,你们所面对的情况正是如此。虽然总是要面对失败的危险,但带领人们穿越危机却是培养你们领导力的最佳机遇。正因如此,所以我才推荐年轻的领导者们早些进入实战,而不是一味地从新闻报道中获取二手经验。

年轻的领导者们还有机会从自己的失误中学习,以便在下次遇到危机时更好地忠于自己的真北,更好地应对危机。大卫·尼尔曼(David Neeleman)曾被西南航空公司开除,但却成功地东山再起,创办了极其成功的捷蓝航空公司。凯文·夏尔(Kevin Sharer)从 MCI 的失败中学习,最终在安进公司(Amgen)成为了一名非常出色的 CEO。

全球经济危机

对于领导者来说,没有什么比当前的全球经济危机更好的实战场了。在华尔街,金融机构的领导者们,比如 J.P. 摩根的杰米·戴蒙(Jamie Dimon)、高盛公司的劳埃德·布兰克费恩(Lloyd Blankfein)和摩根士丹利的约翰·麦克(John Mack)都能在危机面前挺身而出。相比之下,花旗银行的查克·普林斯(Chuck Prince)、AIG 的马丁·萨利文(Martin Sullivan)和雷曼兄弟的理查德·富尔德(Richard Fuld)却无法应对严酷的压力。

当前这场危机的根源可以追溯到 20 世纪 70 年代,当时诺贝尔经济学奖得主米尔顿·弗里德曼(Milton Friedman)鼓吹股东价值应该是衡量公司业绩的首要指标。一时间,股价成为一家公司真正价值的代名词。弗里德曼在其 1970 年发表的一篇重要文章中指出，衡量公司业绩时不应当考虑其他利益相关人的利益，并认为有这种想法的人是"纯粹的、丝毫不掺假的社会主义者"。

到了 20 世纪 90 年代中期，弗里德曼的理念已经赢得广泛的认同。随着大公司纷纷追求短期股东收益，季度收益成为公司股价的首要推动力。这一压力迫使许多管理者不得不放弃在研发、客户满意度、市场份额等方面的长期投入。

GE 前任 CEO 杰克·韦尔奇最近则提出了截然不同的观点。众所周知，韦尔奇在任 20 年间，GE 的市值足足增加 4 000 亿美金，可这位极富传奇色彩的 CEO 却反对过于看重股东价值。他在接受《金融时报》采访时指出："不难看出，一味追求股东价值是这个世界上最愚蠢的想法。股东价值是一个结果，而不是策略……你需要主要考虑的是你的员工、客户以及你的产品。"

当前危机的预警

早在 10 年之前，对冲基金 LTCM（Long-Term Capital Management）的失败就预示了今天这场危机的到来。LTCM 成立于 1994 年，创始人是一群投资银行家和诺贝尔奖得主，这家基金公司主要用数学模型来让自己的收益达到最大。1998 年，该基金的高风险投资策略终于走火，损失高达 45 亿美金，整个机构濒临破产。为避免引发大范围的金融恐慌，时任财政部长的罗伯特·鲁宾（Robert Rubin）组织了 14 家投资银行为 LTCM 提供了 36 亿美金的资金援助。

但大多数华尔街公司和政府官员很快就忘记了 LTCM 的教训。第二年，美联储主席阿兰·格林斯潘和财政部长劳伦斯·萨默斯（Lawrence Summers）共同推动解除一系列金融监管条例，其中包括 1933 年的《格拉斯 - 斯蒂格尔法案》（*Glass-Steagall Act*，主要内容是将投资银行和商业银行分割开来。——译者注）。在随后的 5 年中，市场上涌现出了成千上万家基金，大都毫无透明度，奉行类似于 LTCM 的高风险投资策略。

安然公司和安达信的倒掉

2002 年，安然和安达信先后倒闭，随后世通公司、奎斯特、泰科先后陷入类似困境，如此大规模的高风险和非法审计事件最终促使美国政府于 2003 年通过了《萨班斯 - 奥克斯利法案》（*Sarbance-Oxley Act*）。该法案对公司审计提出了更加严格的要求，并要求公司 CEO 和董事会成员对审计结果的真实性负责。第二年，超过 200 家公司重新修改了自己的审计报表。

在《真诚领导》一书中，我写道："资本主义最终成为它自身成功的牺牲品。"我认为，"我们需要新型领导者：他们应当真诚、拥有高度的人格尊严、致力于建立一家基业长青的组织……这些领导者应当有勇气带领自己的组织满足所有利益相关者的需要，并能清醒地认识到自己的工作对于社会的重要性。"

自从安然公司倒掉之后，一群新的公司 CEO 正在茁壮成长。他们大都非常真诚，能够着眼于公司的长期健康发展，并致力于维护所有利益相关人的利益。我在《真北》一书中谈到的许多领导者,IBM 的彭明盛(Sam Palmisano)、诺华制药的丹·瓦塞拉(Dan Vasella)、雅芳公司的钟彬娴（Andrea Jung）、百事可乐公司的英德拉·努伊（Indra Nooyi）和 GE 的杰夫·伊梅尔特等，都已经成功地带领自己的公司穿越了危机——当然，他们公司的股价也不可避免地受到了一定程度的影响。

当前这场经济危机的根源

华尔街上的大多数领导者都没能从之前的事件中吸取教训，当然，也有一些例外。他们的高风险策略和过度使用金融杠杆的做法随着他们的薪酬水平一路升级，并在 2007 年达到顶峰。那些陷入困境的公司，比如说贝尔斯登公司、AIG、雷曼兄弟、乡间金融、房利美、房地美、美林公司、花旗银行、美联银行和 UBS 等的领导者们，都没能看清危机即将到来，以致根本无法通过及时调整来拯救公司。

由于没有来自政府部门的任何限制，这些投机者们愈加疯狂，直到美妙的音乐戛然而止——全球经济随即崩溃。根据政府监管专家马丁·李普顿(Martin Lipton)和杰·洛什(Jay Lorsch)的说法，"股东权力过大是导致管理者片面追求短期利益的根本原因，因此才导致了现在的这场金融危机。金融危机和疯狂追求短期效益之间有着直接的联系"。正如"奥马哈圣人"沃伦·巴菲特所说的那样，"只有当潮水退去时，人们才能看清谁在裸泳"。考虑到巴菲特所取得的成就，我很难理解为什么大多数投资者都没能听从他所提出的长期投资、价值分析、不要过于复杂等看起来非常简单的投资策略。

管理大师彼得·德鲁克曾经说过，**"领导的重点不在于特权、头衔或金钱。领导是一种责任"**。可让我感到震惊的是，当危机爆发时，虽然成百上千万人因此失业，数以万亿计的财产凭空蒸发，却很少有领导者愿意站出来承担责任。

有些失败的领导者仍然在抵赖，他们拒绝为自己公司的崩塌承担任何责任。贝尔斯登前任 CEO 阿兰·施瓦茨（Alan Schwartz）告诉《纽约时报》记者："回头看看，就算知道要发生什么事情，我又有什么办法来避免这场危机呢？我还是不可能想出任何办法来做出任何改变。"雷曼兄弟 CEO 理查德·富尔德则认为："我每天晚上都在问自己，我还有什么其他办法吗？我所有这些决定都是根据我所掌握的信息做出的。"

施瓦茨和富尔德根本不愿意坦诚地分析自己在这些失败中的责任。想想看，不要说是这么大的问题，就算是在一些小事上出现失误，我们难道不应该反思自己到底有哪些地方做得不对吗？事实上，施瓦茨和富尔德是在推卸自己作为领导者的责任。

在 2009 年 4 月对机构投资委员会发表的演讲中，高盛 CEO 劳埃德·布兰克费恩把视野放得更加开阔。他宣称，金融机构的一些做法加速了当前的这场经济崩溃，"金融机构应当对整个金融系统的健康负起责任。我们需要一个健康、运行良好的系统，但我们大家都没有去思考当今一些人们习以为常的做法是否真的有利于公众的长期利益"。

开始你的修炼旅程

你的组织正在面临着怎样的挑战？你有什么办法来带领自己的组织穿越眼前的危机？在面对巨大压力时，你该如何保持自己的真北？

本书的目标读者是处于组织中各层级的领导者——从那些刚刚获得提拔的年轻人到新近上任的 CEO。我将仔细分析你的组织可能面临的问题，并提出切实可行的办法来帮助你解决这些问题。

为了找到相关的案例，我将举出众多领导者曾经面对过的各种危机，以及他们应对危机的办法。有些危机是由外部因素引发的，比如说经济动荡、公司股票波动、敌意收购、天气变化等。而有些危机则是内部问题所导致的，比如说产品质量、商业道德和法律问题、收益下滑、审计丑闻和组织调整等。

大多数案例都是来自我所熟识的领导者，有些来自我本人在美敦力、霍尼韦尔、利顿工业的任职经历，以及我担任高盛、埃克森石油、诺华制药、塔吉特百货等公司董事时的体会。之所以选择这些案例，是因为我对这些组织和它们的领导者有着最直接的观察。此外，我还从我在哈佛商学院教过的大量案例中选取了一些案例。

对于每一个案例，我都提供了我的第一手观察资料——在处理危机时，他们哪些事情做对了，哪些事情做错了。必须指出的是，这些人中没有一个是完美无缺的，而且我也不能保证他们在未来仍能取得同等的成就。

从这些案例中，我总结出自己多年来领导企业、非营利组织、政府部门和学术机构的七条经验。你或许可以立刻用这些经验来应对你的组织当今或未来可能遇到的任何危机。

以下七条建议就是本书的主要内容。每一条建议为一章。在本书最后，我总结了我对"如何提升个人领导力"，以及"在遇到人生决定性时刻时该如何遵从自己的真北"等问题的看法。

直面现实，从自己开始。一定要学会面对现实，这也是最重要的一条建议。除非你承认自己的确遇到了一个非常严峻的挑战，而且承认自己应当负有部分责任，否则你永远不可能真正地解决问题。

不要做大力神，学会寻求帮助。你不可能仅凭一己之力解决所有问题，所以千万不要试图把所有问题都扛到肩上。你可以在组织内部或自己的生活中找人帮你一起分担，帮助你成为最终的赢家。从这个角度来说，危机也是加强团队凝聚力的一个重要契机，因为最坚韧的纽带往往都是在危机中打造的。

整合团队，找到问题根源。遇到压力时，你很可能会盲目地选择一个快速解决问题的办法，但这样做反而可能会掩盖真正的问题，从而会让你的组织再次重复类似的危机。要想真正地解决问题，唯一的办法就是找到问题的根源，一劳永逸地将其铲除。

重塑领导力，作好打持久战的准备。遇到危机时，你的第一反应可能是：情况不会真的那么糟糕吧！但在危机刚刚爆发时，你所看到的，可能只是冰山一角，情况可能变得远比你想象的糟糕。危机之中，现金为王。要想渡过危机，你需要做好打持久战的准备，要做好应对最糟糕情况的准备，只有这样，你才有可能安然渡过风暴之眼。

珍惜危机，引燃组织的未来。你所面对的挑战同时也是你在组织中发起变革的最佳机遇，因为许多平时抵制变革的因素会在危机到来时忽然消失，这时你应该积极果断地采取必要步骤，以保证你的组织在危机过后变得更强大。

聚光灯下，坚守真北。危机之中，每个人都会睁大眼睛观察你会怎么办。不管是否喜欢，你都会成为组织内外的焦点。你能否继续坚守自己的真北，还是会屈从于外界压力？

主动出击，全力制胜。危机过后，市场会变得跟危机之前截然不同。所以千万不要梦想着危机过后，一切都会恢复如初。不妨把这看成是一个绝佳的机会，按照你的优势来重塑市场。当其他人还在舔舐伤口的时候，你应该集中全力带领自己的组织取得胜利。

这七条建议既可以帮助你应对眼前的危机，也可以为未来的危机做好准备。我建议你在每章之后做好笔记，再加上你自己的个人经验。然后你就可以把这些建议用到你的组织当中，跟你的同事一起分享，这样你们在应对危机时就可以保持步调一致。

如果你在危机之后成为赢家，并坚定地保持自己的真北，你会发现自己将拥有绝对的自信，你的领导力将会进一步提高，足以让你应对任何可能发生的危机。

第 **1** 章
LESSON 1

直面现实，从自己开始

Face Reality, Starting with Yourself

在危机之中，你应当把公司的短期收益放到一边，要不计成本地解决眼前的问题。最为重要的是，在了解内部究竟发生什么事情之前，千万不要盲目地从外部判断一个组织的领导层。

　　领导者的第一项工作是直面现实。最后一项工作是说声"谢谢"。

马克斯·德普雷

《领导是一种艺术》作者

我刚上任不久，就遇到了自己职业生涯中的第一次重大危机。当时我只有 27 岁，正要开始我的第一份管理工作，记得我正在收拾行囊，准备搬到明尼亚波里斯就任利顿工业公司微波炉部门总经理助理时，收音机里突然传来一条新闻："美国卫生局长刚刚宣布，微波炉可能对人体健康有害。"

第二天一大早，我赶往新办公室，发现里面一团混乱，恐惧的气氛笼罩在这家刚刚发布第一款消费品、还未完全成熟的组织当中。我们当时只有一种产品：微波炉。如果 FDA（食物和药品管理局）将其赶出市场，我们就只能破产。这一事件变成了这家领导层虚弱、缺乏自信的组织所面临的终极考验。

一周之后，公司执行副总裁赶到事故现场。他立刻宣布召回 1 000 台已经发货，并让客户大感头疼的微波炉。我的第一反应是表示反对，因为我觉得这些产品都是安全的。

当然，这位副总裁的决定是对的。他或许并没有收集到所有的信息，但他的智慧足以告诉他应当采取保守策略。他的这一决定最终拯救了这家公司。它让我们意识到我们的设计还不够完美，无法符合即将颁布的 FDA 标准。我们也没有足够的质量控制流程来确保我们的所有产品质量都能达到一致的水平。

在我搬到明尼亚波里斯之前，我的上司和我认为这些缺陷的责任应该属于该公司部门总监。但加入该公司仅仅几天之后，我就意识到，真正的问题在于这家公司的总经理缺乏领导力。组织内部冲突不断，他本人又缺乏领导经验，这一切都让他变得不知所措。

出于本能，我立刻挺身而出，召集我的直接下属一起面对现实。我们决定携手解决眼前的问题。

整个过程并不轻松。就在绞尽脑汁去迎合即将颁布的微波炉排放新标准的过程中，我才意识到危机到底有多严重。一连几天，我和我们的工程师和质量专家们加班加点地工作，有时甚至熬夜到凌晨三点。随后九个月的煎熬让我经常暴跳如雷："在商学院的时候，我从来没意识到赚钱会这么难。"

这次经历一直伴随着我的整个职业生涯，尤其是后来在美敦力任职时，这段经历让我获益良多。我刻骨铭心地认识到找到问题根源的重要性，而不要只是做一些表面上的修修补补。我还意识到，人们很容易低估事故的后果，尤其是当一件事情正在遭受公众质疑的时候。

我还学会了领悟立法者和政府官员们意图的重要性，并学会了如何与他们建立一种携手解决问题的积极关系，而不是一味地为自己辩解。我还意识到了，在危机之中，你应当把公司的短期收益放到一边，要不计成本地解决眼前的问题。最为重要的是，我懂得了一个道理：在了解内部究竟发生什么事情之前，千万不要盲目地从外部判断一个组织的领导层。

直面现实

在《领导是一种艺术》（*Leadership Is an Art*）一书中，马克斯·德普雷（Max DePree）写道："**领导者的第一项工作是直面现实。最后一项工作是说声'谢谢'**。"在带领自己的组织渡过危机之前，你必须承认自己的确遇到了危机。然后你需要让所有其他人都承认这一点。只有这时，你才能精确地定义问题，并制订相应的计划来解决问题。

为什么做到这点这么难呢？领导者们往往会拒绝承认危机的严重性。或者他们会把问题推到外部事件、人物或组织身上。如果不愿意承担责任并主动解决问题，他们就不会真正理解自己究竟在面对什么。很多时候，最难的是承认自己应对

> 在组织之外的人看来，那些能自圆其说的人似乎总能置身事外。但是正如沃伦·本尼斯所说：否认和预测是我们认清现实的大敌。

危机的形成负有责任。就算领导者承认了自己的责任，他们也会在解决问题的过程中遇到来自组织内部的许多阻力——因为很多人都很难有勇气去承认自己的错误。正因如此，在应对危机时，才需要领导者具备高超的技巧。

菲利普·麦克雷：Vitesse Learning 公司创始人遭遇现金流危机

菲利普·麦克雷（Philip McCrea）早在创业之初就明白，对于一位年轻的企业家来说，面对现实是一件多么困难的

事情。2001 年，32 岁的麦克雷在旧金山创办了一家基于网络的销售培训公司——Vitesse Learning 公司。对于当时的麦克雷来说，他的公司只会越做越好，他丝毫看不到其他的可能。麦克雷非常善于争取订单，他拿回来的很多订单都包含大量的定制软件业务，他把这些业务交给公司一支年轻的软件开发团队来负责。

Vitesse Learning 的创始资金只有 120 万美金，在成立之初的两年中，公司一直在赢利。2003 年，公司没能实现预期目标，销售额低于预期 40%。迫于无奈，麦克雷只好再筹 50 万美金。2004 年，麦克雷跟强生公司的多个部门达成扩展合作协议，同时进入金融服务领域，并与康宁公司签订一笔定制合同，Vitesse Learning 强势反弹。

麦克雷是一个天生乐观的人，他此前的人生一帆风顺。他曾经说过："我有时候会显得过于追求结果，所以我很难敞开心扉，去承认这个世界上有些问题是我确实解决不了的。"

2005 年，麦克雷决定举家搬迁到新泽西州，以便更加接近客户。此后不久，Vitesse Learning 公司的业务再度下滑——麦克雷搬家后，公司的软件程序员一时陷入群龙无首的局面，软件开发成本急剧上升，公司突然出现了现金流危机。麦克雷不太愿意承认自己的软件小组存在严重的领导问题。就这样，由于公司现金流严重吃紧，麦克雷不得不寻求外部买家，并最终将公司卖给一家在新斯科舍拥有一支软件开发团队的加拿大公司。

结果证明，这次合并的结果并不理想。加拿大公司管理层决定将软件开发团队集中到新斯科舍，结果导致 Vitesse Learning 公司软件质量一落千丈，客户投诉接连不断。八个月后，麦克雷感觉公司已经毫无前途可言，只好被迫辞职。又过了六个月，加拿大人宣布破产，关闭了 Vitesse Learning 公司，175 人失去工作。

麦克雷把此前的两年描述为"情绪过山车"。他人生中第一次承认自己遭遇到了彻底的失败。"我必须面对镜子中的自己，承认自己的失败。"他说道，"从这次经历中，我最大的收获就是明白了这样一个道理：失败没什么大不了。当时我感觉简直没法活下去了。虽然我不愿意承认，但我的确极度沮丧，动不动就火冒三丈。"

经过一番痛定思痛的反省之后，麦克雷最终成为了一家总部设在印度、低成本运营的销售培训软件公司 ClearPoint 学习公司的 CEO。虽然此前在 Vitesse Learning 公司遭遇惨败，但他明白了面对现实的重要性，并对未来的成功充满信心。

不止是年轻企业家们感觉很难面对现实，久经考验的商场老将同样如此。

沃伦·巴菲特：帮助所罗门兄弟公司免于刑事指控

1991 年，所罗门兄弟公司由于向美国财政部提交虚假报告而可能面临刑事指控，但该公司管理层对此事矢口否认。这件事促使该公司最大股东沃伦·巴菲特直接接管了整家公司。巴菲特的第一项任务就是带领所罗门兄弟公司面对现实。他立刻迫使管理层集体辞职——虽然管理层始终不承认自己提交了虚假报告。然后他不顾律师和公关专家的建议，公开宣布要向美国政府保持完全透明状态，即使要公布一些对公司可能不利的信息也在所不惜。

巴菲特很清楚，如果所罗门兄弟公司一味拒绝配合美国财政部和司法部的调查，最终必然会面对刑事指控。这也意味着所罗门兄弟公司将最终走向破产。关键时刻，巴菲特用自己的个人名义做担保，帮助所罗门兄弟公司免于刑事指控，并重新恢复运营。毫无疑问，所罗门兄弟公司的股东们非常幸运，因为巴菲特能够主动站出来收拾残局，并挽救了整家公司。

这就是勇敢的领导者在面对危机时的做法。

逃避解决不了问题

当组织遭遇困境时，领导者很可能会拒绝承认眼前的现状。在这方面，还有一个很好的例子就是药业巨头默克公司。

雷·吉尔马丁：默克公司 CEO 的果断与辩护技巧

默克公司曾经推出过一种非常有名的止痛药 Vioxx，

该药的市场销售额高达 25 亿美金。1999 年，在"Vioxx 是否会对人体心血管造成不良影响"的问题上争论数年之后，FDA 最终批准 Vioxx 上市销售。随着大量病患开始使用这种药物，相关的研究也逐步完成，研究发现，Vioxx 的确有可能对心血管病人产生不良影响。

默克的执行官们怀疑这一研究所用数据并非通过随机方式获取，于是他们决定对高风险心血管病人进行一次为期三年的随机试用，同时继续在市场上销售 Vioxx。2004 年 9 月，默克中止了该项研究，因为结果表明，服用 Vioxx 的患者遭受心脏病或中风的概率是没有服用 Vioxx 患者的 2 倍。默克公司 CEO 雷·吉尔马丁（Ray Gilmartin）大胆地从全球市场上——而非心血管疾病患者聚集区——召回所有 Vioxx。

截止到此时，Vioxx 已经与超过 27 000 例心脏病和心脏性猝死扯上关系，诉讼像潮水一般滚滚而来。默克公司做出了一个很明智的决定，他们对各种病例逐一进行辩护，这一做法使得公司免于遭到清盘的厄运。经过三年的辩护之后，默克公司于 2007 年宣布与所有患者达成总值 50 亿美金的和解。公司最终渡过难关。

为什么默克这样一家以科研力量著称的企业，居然没有在使用 Vioxx 的问题上采取更加保守的措施？从外部来看，似乎是默克一心想用新产品来阻止 Celebrex 和其他止痛药的市场步伐，所以它根本等不及完成所有的检测流程。尽管公司管理层在相关研究证明Vioxx的确存在风险时，立刻采取了相应行动。但可惜的是，此时大错已经铸成。

为什么面对现实这么难

拒绝承认现实比无能还要可怕，它会毁掉更多的个人职业生涯和组织的前途。所以不要问为什么其他领导者如此不愿面对现实，而是要问你自己："为什么对我来说，面对现实会这么难？"一个很重要的原因是：人们总是更喜欢听好消息或快速解决之道。他们很少愿意承认自己的组织正在面对一场危机。危机在刚开始时往往都比较温和，然后慢慢地，那些看似微不足道的小意外就会逐渐升级为大问题。除非领导者们能够从一开始就面对现实，否则他们很可能就会看不到前方更大危机的预

> 那些总是需要从外界评论中得到满足的领导者往往很难坚定自己的立场，他们这样做只会让自己的身边聚集一大群阿谀奉承、溜须拍马之人。

警信号。在很多情况下，等到领导者们不得不承认危机已经到来时，事情已经变得无法收拾了。

很多人觉得现实过于可怕，或者他们感觉太丢人，不愿意去面对，所以逃避就成了一种比较方便的防卫机制。如果你感觉自己正在为自己狡辩，不妨自问一下："我究竟在辩解什么？这样做是否只会让情况变得更糟糕？"

不要杀掉报信人

2009 年 1 月，我在瑞士达沃斯主持了一场"危机、沟通和领导力"论坛，一位主要发言人，J.P. 摩根 CEO 杰米·戴蒙说道："在一次管理层大会上，一位女士站起来告诉我，'如果你是一位领导者，你需要一个能够在发生故障时告诉你真相的人'。"对此戴蒙回答道："如果你身边有 10 个人，其中只有一个愿意告诉你真相，那就真有问题了，因为事实上，每个人都应该这么做。"

为什么没有更多的人愿意说真话呢？因为他们害怕上司不愿意听到坏消息，害怕这样做会引起上司的不愉快。那些听到坏消息的领导者们很可能会不喜欢报信人——因为面对现实有时的确是一件非常痛苦的事情。看看安然公司的莎朗·沃特金斯(Sherron Watkins，安然公司前任副总裁。——译者注）的遭遇吧，她最早告诉公司主席肯尼思·莱（Ken Lay），虚假财务报表可能会对公司造成不利的影响。可结果呢？她不仅受到斥责，甚至还成为整个公司的弃儿——难怪那么多员工都不愿意告诉上司真话了。

可悲的是，像安然这样的公司要远远多于 J.P. 摩根这样的公司。很多领导者都不注重培养员工说真话，相反，他们总是在身边安排许多逢迎拍马之徒，这些人只会说他想听的

> 一定要有一群能够告诉你真相，而且你也愿意告诉对方真相的人。如果你的周围有一群这样的人，还会有什么大不了的事呢？

话，而不会告诉他现实究竟如何。当一个组织没有形成一种开放和坦诚的氛围时，领导者们很难在重大问题发生之前有所觉察。

等到他们意识到问题已经很严重时，比如说类似政府部门、消费者权益维护团体，或媒体等找上门来的时候，可能已经为时已晚。这时他们会认为外部指控超出了实际情况的严重性，所以就不得不为自己的公司辩解了。

我经常告诉美敦力的员工，"你们绝对不会因为遇到问题而被解雇，但一旦你们试图掩盖真相，就必定要走人。诚信的人是不会撒谎的。一定要说出全部真相，只有这样，我们才能召集团队中最优秀的人来一起解决问题"。

一定要学会当众表达对报信人的感谢，这样可以激励组织中的其他人跟随效仿。只有当组织中形成了一种坦诚公开的氛围时，它才能更好地应对危机，并在危机爆发时团结起来，共渡难关。

很难承认自己的错误

1966 年，作为一名年轻的预备役军官，我在时任国防部长罗伯特·麦克纳马拉（Robert McNamara）的办公室里亲眼目睹了一家组织不敢承认错误的后果。越战早期，麦克纳马拉完全不愿意看到实际战况。他动用自己的情报人员威胁军方，迫使后者虚造一些分析结果，以证明美方当时正在占据上风。

这样的分析结果出来之后，麦克纳马拉武断地断定越战为一场消耗战。为了量化战争的进展情况，他派人了解战争中越方和美方死亡人数的比例，并根据这种情况断言，北越军队将逐渐消耗掉所有的游击队员，直至最终走向彻底失败。

由于美方非常清楚自己一方的死亡人数（这一数字上升得

很快)，唯一解释这一事实的办法就是夸大北越军队的死亡人数。
于是美方开始大规模虚报北越军队的死亡人数。我在后备军官预
备队的同学告诉我，为
了"提高敌军的伤亡人
数"，每次战斗之后，
都会由不同的部门把敌
人的尸体数上三到四

> 一旦遭遇失败，他们就会试图掩盖
> 或想办法说服周围的人，让他们相信失
> 败并不是自己的问题。

遍。为了验证数据的真实性，我的上司，五角大楼首席财务官要
求军方情报部门将"预计死亡人数"一栏从报告中删去。在 1968
年 1 月"泰特攻势"(Tet Offensive，爆发于 1968 年 1 月，被认为
是越战之中最重要的战役之一。——译者注) 的 11 个月后，官方
报告中的北越军队死亡人数开始急剧下滑，原因在于军方报告有
关"北越军队在泰特战役中死亡人数为 3 万～4 万"的数字被证
明是夸大的，夸大的报告也再没有公之于众。

这时我亲眼看到国防部长麦克纳马拉一下子陷入了痛苦之
中。他本能地知道这场战争一定出了问题，但却不愿意承认这一
点。他的这一态度让周围人不断地向他提供各种误导性信息。五
角大楼从来没有宣称美方正在输掉这场战争，成千上万勇敢的美
国士兵为了一个错误的目标失去了自己的生命。在颇受好评的纪
录片《战争之雾》(The Fog of War) 当中，制片人埃罗尔·莫里
斯 (Errol Morris) 拍到了晚年的麦克纳马拉——一个被自己的错
误折磨但却始终不愿承认错误的人。

听起来很熟悉，对吧？ 2003 年，我们的副总统理查德·切
尼 (Richard Cheney) 使用了同样的策略"制造"了一系列证明

"伊拉克拥有大规模杀伤性武器"的数据，其中甚至包括了尼日利亚向伊拉克供应铀的具体数量。正如英国哲学家埃德蒙·伯克（Edmund Burke）所说的那样，"不懂历史的人注定要重复历史"。

只有当你承认自己要对问题负责时

2007年，全世界最大的生物技术公司安进公司遇到了麻烦。该公司年销售额高达 40 亿美金的主打产品阿法达贝泊汀（Aranesp，一种抗癌药物。——译者注）的安全性受到了市场怀疑。上市 6 年后，安进、强生等相关公司进行了一系列针对性研究，结果发现，当病人在未经医嘱的情况下使用阿法达贝泊汀时，的确会出现一定的安全问题。

为了应对愈演愈烈的信任危机，安进公司 CEO 凯文·夏尔指派公司一些主要执行官制定一套方案来解决这一问题。但他发现，如果自己不肯承认应对此事负责，他的团队就根本不会采取任何行动。"我陷入了沉思，我问自己，我究竟该对此事负哪些责任。最后我列出了一份长长的清单。"

当他跟这些执行官一起讨论自己的这份"失误清单"时，执行官们明显地大吃了一惊。夏尔的这一做法让执行官们松了一口气，他们纷纷坦承自己的失

> 在成长为领导者的过程中，最关键就是你的性格和指导你人生的价值观。

误，并决心采取必要的行动来帮助公司走出危机。考虑到之前默克公司的经历，安进公司主动提出在阿法达贝泊汀的包装上加上

一些提示，建议患者谨慎使用。结果虽然阿法达贝泊汀的销量因此下跌 26 个百分点（这意味着减少了逾 10 亿的销售额），但公司却因此渡过危机。阿法达贝泊汀如今仍在市场上销售，虽然销量已大不如前，但安进公司与 FDA 的关系得到了修复。在回想自己从这次危机中学到的东西时，夏尔说道："最难的是面对现实，意识到必须要采取行动了，因为有那么多人对阿法达贝泊汀的安全问题提出了质疑。"

我们的第一反应是把问题推到 FDA 头上。但我们必须放弃这种心态，因为公共健康官员有责任对眼前发生的一切提出质疑。首先，我必须承认自己应当对此事负责；然后我们才能一起面对现实，认真负责地分析我们所做过的一系列决定。

夏尔强调了在危机到来时面对现实的重要性，他指出，很多 CEO 之所以无法适应变革，是因为他们一直沉浸在之前的心态中，不愿意真正地去面对现实。他还引用了自己最喜欢的一个生物学比喻："**什么物种能够生存下来？最大的？最强壮的？行动最快的？都不是。是最能适应环境的。**"

在今天的世界中，那些不能适应环境的行为将会受到重罚。网络让信息传播的速度大大加快，坏消息一眨眼间就会被人们关注、放大并传播开来，所以留给领导者们的反应时间将会越来越短。

很少有领导者愿意为自己的失误承担责任。很多人选择逃避问题，希望问题能够自动消失。但问题就像是身体里的肿瘤，如果不加处理，情况只会变得越来越糟糕。遇到类似情况时，我建议你问问自己："最糟糕的情况会是怎样？"相信我，无论答案是什么，结果都不会比逃避问题更加糟糕。

修炼要言

◆ 危机不会自动消失，逃避只会让事情变得更加糟糕。

◆ 学会面对现实，承认自己需要对危机负责。

◆ 带领整个组织一起面对现实，共同渡过危机。

第**2**章
LESSON 2

不要做大力神，学会寻求帮助

Don't Be Atlas,
Get the World Off Your Shoulders

我知道自己需要后退一步，做个深呼吸，提醒自己并不是在孤军奋战。我必须把整个世界从自己肩膀上移开，从别人那里寻求帮助。

　　承认自己的弱点并主动承认错误的做法会产生出乎意料的效果。当一个人表现出自己的坦诚时，人们就会更容易原谅你的弱点和错误。在这个过程中，你会跟其他人建立更深层次的关系，这样你就会更容易说服和影响自己身边的人，这反过来就会大大加强你的领导能力。

约翰·霍普·布莱恩

希望运营中心（Operation HOPE）创始人

你是否感觉自己像是大力神——感觉你的肩膀能扛起整个世界？感觉整个公司都要靠你，但你却不知道自己能否搞定眼前的难题？甚至感觉如果你搞不定，多年来积累的一切都会在瞬间瓦解？

在我的整个职业生涯中，我经常会有类似的感觉，尤其是在美敦力担任 CEO 期间。我经常觉得，一个问题能否得到解决，完全要看我的个人能力。如果我的决定是错误的，整家公司都会陷入崩塌，所以我必须对整个公司的存亡负责。当然，我这么说可能有些夸张，但我相信大多数人的心里都会有这种"害怕失败"的声音——以及一种"追求成功"的声音——在回荡。

每次产生这种感觉时，我就知道自己需要后退一步，做个深呼吸，提醒自己并不是在孤军奋战。我必须把整个世界从自己肩膀上移开，从别人那里寻求帮助。这就意味着，我需要向我的其他团队成员，以及我的私人生活中的支持者求助了。

独力的危险

危机来临时，有些领导者喜欢独力担起所有的重担。他们会把自己关在办公室里，反复思考问题究竟出在哪里，希望用自己的脑袋想出问题的答案。这时公司里其他人就会琢磨上司究竟怎么了，怎么突然成了隐士。然后开始传闻四起，而且比实际情况更严重。

2004 年摩根士丹利 CEO 裴熙亮（Philip Purcell）就曾经遇到过类似的情况。当时他的公司遇到了许多棘手的问题，但裴熙亮并没有去交易大厅向交易员们了解情况，也没有召集公司执行官们来共商对策，相反，他把自己关进了办公室，闭

> 要想真正领导其他人实现一些更伟大的目标，就一定要放弃个人英雄主义的想法。

门不出。最后，大家都明显地看出了裴熙亮是在逃避，一群执行官们联合起来造反，并成功地迫使一向支持裴熙亮的董事会开始倒戈相击。第二年约翰·麦克接管摩根士丹利之后，他重新调整了整个执行团队，并重塑了公司的信心。这一举动使得摩根士丹利渡过了此次全球金融危机，而且没有受到较大的影响。

还有一些领导者的做法则截然相反。意识到内部出了问题之后，他们会主动向外部寻求帮助。2005 年，时任惠普 CEO 的卡莉·菲奥莉娜（Carly Fiorina）同样遭遇了巨大压力，她需要直面整个公司所面临的严峻困境，这时她开始动用自己的演讲天分。菲奥莉娜并没有听从董事会成员的建议，把目光只集中于公司的

内部，相反，她在离职前的最后一年里在公司之外做了超过一百场的演讲。

两种相互争斗的声音

很多领导者之所以把自己关起来，是因为他们害怕失败，害怕失去自己的自尊。我在哈佛的同事尼丁·诺利亚（Nitin Nohria）和我都相信，我们每个人内心都有两种声音。一种是积极的声音，一种是消极的声音。积极的声音会告诉我们，"你很有能力，可以做一些很有意义的事情"。消极的声音则会让我们感到恐惧，"你的这些缺点会让你一败涂地，自尊全无"。危机到来时，一旦消极的声音占据上风，我们就会把自己封闭起来。

从十几岁的时候开始，这两种声音就一直在我的脑子里斗争不停。积极的声音让我看到了胜利的美好，消极的声音让我始终担心遭受拒绝和失败。表面上看，我热情洋溢，充满着成功的渴望，感觉只要自己全心投入，就几乎可以实现任何目

> 没有人愿意跟随一个正在遭遇低谷的人。遇到这种情况的时候，你必须从自己的内心汲取力量。

标，但在内心深处的黑暗角落里，消极的声音始终在蠢蠢欲动。我从来没有担心自己会在事业中遭遇失败，因为从父亲那里，我学到了一个道理：失败是正常的。**问题不在于你是否会失败——每个人一生中都会或早或晚地遭遇失败——而在于你该如何应对失败**。你是否能够重新振作起来，并从失败中汲取教训，确保下

次能够成功？这也正是菲利普·麦克雷在离开 Vitesse Learning 之后所做的事情。

幸运的是，我一直能够清醒地看待自己所面对的挑战——我从不会把挑战太放在心上。即便在最糟糕的时期，我也会对自己的领导能力充满自信，相信自己一定能走出困境。但很多成功的领导者却不一定能够做到这点。他们的形象在很大

> 如果我们的支持者只是在盲目地跟随我们，他们的能力发挥就会受到限制，而领导者本身的视野也会变得狭隘。

程度上取决于他们外在的成功，所以他们很容易把事业上的成功和自己的自我价值混为一谈。失败会对他们造成极深的创伤，甚至永远无法愈合，所以他们会选择逃避。

很久以来，我一直都害怕得不到同龄人的认可。还在上中学的时候，我就因为不够酷而受到大家的排斥。这是我的问题，因为我总是希望得到别人的认可，这使得我无法跟周围人建立真诚的关系。除非我能直面这些恐惧，否则我根本不可能积极地面对未来。可一旦我鼓起勇气，面对这些恐惧时，我发现它们突然之间消失一空，我也终于可以集中精力去做真正重要的事情了。

你在大脑中究竟在跟什么样的声音作斗争？你的恐惧是否正在阻碍你实现自己的梦想？它们是否会让你在遇到困难时封闭自己，不去向外部求助？如果你能够学会拥抱自己的恐惧，而不是选择逃离，它们就会渐渐消失。要想做到这一点，最好的办法之一就是向你的队友，或者你个人生活中的那些重要人物寻求帮助。

向你的团队求助

格雷格·斯坦哈菲尔：塔吉特百货公司 CEO 赢得委托竞争之战

2008 年 5 月，在塔吉特百货公司工作 29 年之后，格雷格·斯坦哈菲尔 (Gregg Steinhafel) 终于从自己的同事兼导师鲍勃·乌尔里奇手中接过权杖，成为这家公司的 CEO。此时乌尔里奇已经在塔吉特百货公司度过了 14 年辉煌的职业生涯，他在位期间，塔吉特百货公司股价上升了 10 倍，由原来每股 5.48 美元上升到 54 美元。在塔吉特百货公司董事会任职 12 年间，我亲眼目睹了这家公司逐渐成长为全球最富创造性的零售商，并成为沃尔玛最强有力的竞争对手的整个过程。

可尽管如此，斯坦哈菲尔接手时，塔吉特百货还是出现了一些状况。此前公司在与沃尔玛的竞争中已经开始略占上风，在某些规模相当的店面中，塔吉特百货的销售额已经超过了沃尔玛，可随着经济危机日益临近，塔吉特百货开始落后于这位本顿维尔 (Bentonville) 巨人。

更让人揪心的，是来自积极投资人威廉姆·阿克曼 (William Ackman) 的施压。2007 年春，阿克曼在塔吉特百货公司股价最高时购入该公司 8% 的股票。随后他立刻开始向管理层施压，要求公司学习希尔斯 (Sears) 和凯马特 (K-Mart)，放弃信用卡业务。

就在斯坦哈菲尔刚刚成为 CEO 的那一周，塔吉特百

贷公司宣布以 36 亿美元的价格将公司信用卡业务的 47%
出售给 J.P. 摩根公司。随着经济状况进一步恶化，阿克曼
进一步督促塔吉特百货公司将房地产业务出售给一家房地
产信托基金会。

斯坦哈菲尔立刻向自己的员工和主管们寻求帮助，其
中包括乌尔里奇。他从高盛公司和 Wachtell Lipton 律师事
务所请来了金融和法律顾问，随后他们一起进行了细致的
研究，发现在美国经济开始进入自由下滑的时期，阿克曼
的这一建议只会给塔吉特百货公司带来伤害。出售房地产
业务不仅会让塔吉特百货失去对一部分房地产的控制权，
还会让公司店面的运营成本足足增加 14 亿美金，从而大
大削弱塔吉特百货与沃尔玛的竞争优势。就这样，在公司
董事会的一致支持下，斯坦哈菲尔拒绝了阿克曼的提议。

但事情并没有就此结束。此时的阿克曼感觉自己在塔
吉特百货公司的投资出现严重损失，董事会的拒绝又让他
恼羞成怒，阿克曼决定亲自派出五位下属来取代塔吉特百
货董事会的五位董事。

斯坦哈菲尔完全没有想到自己会陷入一场委托竞争
之战（proxy fight，收购方在收购一家公司后，想办法说服其他股
东调整管理层时经常采用的做法，目的在于更好地影响或控制管理
层。——译者注），他知道自己不能单独作战，于是开始尽
己所能，向最好的专家寻求帮助。最终，在斯坦哈菲尔及
其团队的艰苦努力下，管理层终于赢得了这场战斗的胜利，
得到了超过 70% 的股东们的支持。

　　仔细观察斯坦哈菲尔与阿克曼的这场较量，我发现他是一个极富智慧的人，不仅懂得四处求助，而且还在整个过程中保持沉着冷静。相比之下，那些不会寻求外援的领导者则会给自己增加无尽的重担。很多领导者之所以感到孤独，原因就在于此。每个人都会在某些问题上做出错误判断，要想渡过那些比较严重的危机，你需要像格雷格·斯坦哈菲尔那样，争取到队友们的全力支持。

　　2000 年，安妮·马尔卡希在施乐遇到的挑战更加严峻。当时施乐已经到了破产的边缘。此前马尔卡希一直在从事销售和营销工作，她很清楚自己缺乏必要的金融知识，于是她开始向专家们学习收支平衡表等内容，她的请教对象甚至包括一位财政部长助理。马尔卡希不仅要让施乐免于破产，还要让

> 　　一定要在危机发生之前建立你的支持团队，因为只有这样，你才可以在你最需要他们的时候及时得到帮助。

施乐东山再起。她逐一会见了公司 100 位高级执行官，询问他们是否愿意同公司一起坚持到底。前两位执行官表示想要离开，但其他 98 位执行官都愿意跟她一起并肩作战。就这样，马尔卡希很快为自己整合了一支极其忠诚的团队，大家开始共同奋力将施乐带出低谷，在这个过程中，马尔卡希不再感到孤独。

　　就这样，通过寻求外界帮助，斯坦哈菲尔和马尔卡希克服了领导者们惯有的孤独，赢得了广泛的支持和帮助。

寻求外部帮助

为了避免独力承担所有重任，你还可以向公司外部寻求帮助。你的外部团队应当是一群非常关心你本人，而且绝对不会轻易评判你在公司里表现的人。虽然他们不太了解具体的细节，但却非常了解你，能为你提供一些你从公司内部永远无法获取的信息。

千万不要等到危机到来时才想到寻求外援，那可能就为时已晚了。你应该在一切进展顺利时就建立一支外援团队，经过一段时间之后，这些人会对你有相当的了解，一旦情况出现变化，他们就会成为你强有力的后援。

要想建立外援团队，你可以先找一个你能对其绝对敞开胸怀、绝对坦诚的人。对我而言，这个人就是我的妻子彭尼，每次我的人生偏离轨道时，她都会给我指出。对你来说，这个人可以是你的配偶、导师，或是某位至交好友。需要提醒的是，千万不要对这个人有任何保留，否则他就很难帮到你。只有彻底了解你的人才能够发现你的盲点，告诉你哪些地方被忽略了。如果你不能对此人完全放开，我建议你还是找个职业顾问或者治疗师算了。

> 卓越领导者大都懂得如何建立自己的支持网络，能够在自己遇到不确定问题的时候征求他们的建议，遇到困难的时候向他们寻求帮助。

导师也是人生中一项非常重要的资产。如今每当我需要建议时，我都会向沃伦·本尼斯、大卫·格根、尼丁·诺利亚寻求帮助。除此之外，我还有一支8个人组成的外援团队，自1975年以来，我们每个星期都会聚会一次，大家共同讨论彼此的信念和个人生活中的问题。

1983 年，彭尼和我组织了四对夫妻，我们每个月都会聚会一次，大家还经常一起到各处旅行。每次我在工作或生活中遇到任何问题，这些人都会向我伸出援手，提供富有智慧的建议和充满关爱的支持，当然，每当他们遇到类似问题时，我也会这样对待他们。

1996 年，彭尼被诊断患有乳腺癌，虽然彭尼非常担心，但刚开始我并没想到乳腺癌可能会让她失去生命。于是我跟一些男性伙伴讨论了彭尼的病情，我坦承自己很可能是在逃避，因为事实上，三十年前，我的母亲和我当时的未婚妻就是因为癌症去世的。自从这次讨论之后，彭尼和我就开始公开彼此内心的恐惧，并意识到我们并不是在孤军奋战。在上帝的帮助下，彭尼最终康复，这次经历也从此彻底改变了她的人生。

愿意承认自己是脆弱的

对于领导者来说，最难的事情之一就是承认自己的脆弱——但它也是最强大的武器之一。没有人喜欢在向一群人发号施令的同时承认自己是脆弱的。当你向他人敞开胸怀，坦承自己的恐惧和缺点时，你很容易跟他们在更深的层次上联系起来。在这个过程中，你就能从这些人那里得到更高层次的支持和忠诚，同时也会赢得他们更多的尊重。

约翰·霍普·布莱恩（John Hope Bryant）早年曾经无家可归，

后来他创建了"希望运营中心"（Operation HOPE）。他成功地筹集到 5 亿美元，专门用来向穷人普及金融知识，同时还担任了"总统金融扫盲委员会"副主席。在《用爱领导》（*Love Leadership*）一书中，布莱恩写道，"脆弱是一种力量"。他说道："承认自己的弱点

> 当领导者们愿意敞开胸怀，告诉别人自己的故事，暴露出自己的脆弱之处的时候，他们身边的人也会愿意相应地分享自己的人生经历。

并主动承认错误的做法会产生出乎意料的效果。当一个人表现出自己的坦诚时，人们就会更容易原谅你的弱点和错误。在这个过程中，你会跟其他人建立更深层次的关系，这样你就会更容易说服和影响自己身边的人，这反过来就会大大加强你的领导能力。"

泰德·派珀：Piper Jaffray 公司前 CEO 用"脆弱"赢得信任

20 世纪 90 年代中期，Piper Jaffray 公司 CEO 泰德·派珀（Tad Piper）的一位交易员出现重大操作失误，大为不满的投资者们纷纷提起法律诉讼，直接把公司逼到了破产的边缘。多年来，派珀的公司一直以业绩优异闻名，随着市场急转直下，公司旗下多支基金市值也出现了高达 25% 的跌幅。由于派珀结识多年的很多好友也向公司提起了诉讼，所以一时之间，他也不知道自己到底该相信谁。

刚开始时，派珀发誓绝对不会跟原告律师达成任何和解。《华尔街日报》在一篇文章中指出，由于投资人提出

的赔偿金额是 Piper Jaffray 公司市值的两三倍，所以该公司很可能会被彻底埋葬，这更是让派珀火冒三丈。在一次全家外出度假过程中，他离开自己的家人，独自一人回到家中，绞尽脑汁想着该如何解决眼前的难题。但情况仍在恶化。

绝望之中，他跟他妻子进行了一次长谈。"那天夜里，我躺在床上，感觉自己这下可真是山穷水尽了，可就在这时，突然我脑子里灵光一闪。"派珀说道。三年前他曾经接受过化学依赖治疗，他还清楚地记着"戒酒无名会"（Alcoholics Anonymous）的第二步：**"相信这个世界上有一种比我们更强大的力量可以拯救我们。"**他决定要向这一力量寻求帮助，突然之间，他感到一种"令人难以置信的释然"。

我知道我并不是一个人在战斗。高处不胜寒，尤其是当你遇到大麻烦，需要寻求帮助的时候，更是如此。我很幸运，有一位很棒的太太和一些真正的好朋友，他们一直在支持着我。

重新恢复自信之后，派珀决定跟原告达成和解。但他并没有就此住手。有了妻子的支持，派珀跟各分公司的领导者举行了会谈，说明了自己内心的恐惧。"我决定彻底向大家敞开心扉，完全暴露自己的脆弱。"他说道。

我跟大家谈到了我的化学依赖治疗和我的信念，我告诉大家我们需要相互帮助，继续前行，并且从我们的朋友们那里得到帮助。这是我们在公司做过的最强大的事情。

大家永远不会忘记这一幕——因为我暴露了自己的脆弱。突然之间，所有人都开始加入进来，就连那些刚开始表示怀疑的人也伸出了援手。如果不是出现这次危机，我想我根本不可能做到这一点。

学会如何在适当的时间表达自己的脆弱是一项很重要的领导技巧。一定要谨慎使用，因为只有这样，人们才会对你的领导能力和你所指明的方向充满信心。

培养自己的韧性

一场危机给领导者们带来的压力是巨大的。危机往往都是在人们最意想不到时袭来，所以你需要时刻做好准备。随着危机进一步发展，你会问自己："这场危机到底什么时候才会结束呢？"事实上，没有人知道答案。

要想渡过危机，你需要有高度的韧性，要努力、坚强，充满乐观。要想在危机到来时做到这些并不容易，但它们却可以帮助你渡过最艰难的时刻。所以你需要在危机到来之前培养自己的韧性。安进公司的凯文·夏尔曾经反复强调，自己之前所作的准备对于带领公司突破阿法达贝泊汀危机至关重要。"你必须保持韧性，无论

> 选择什么方式并不重要，重要的是你要有一套应对压力的方式，能够让你释放工作和生活中的压力，让你更加清醒地思考生活和工作中的问题。

从组织层面还是从个人角度来说，都是如此。打击可能来自四面八方，所以一定要提前做好准备。强大的韧性会让你面对而不是逃避难题，让你能够随着环境的变化不断调整自己，跟组织内外保持有效的沟通。"

从 27 岁经历第一场危机开始，直至我在美敦力工作的最后一天，我一直在承受着巨大的压力。多年以来，为了应对压力，我发明了一套办法来保持自己的韧性。需要说明的是，我并不认为这套方法适用于所有人，你必须找到自己的方法。但重要的是，一定要有一套适合自己的练习，而且要养成习惯。

保持良好体型。每周至少锻炼 3 到 4 次。我喜欢每次慢跑 20 到 30 分钟，这样会让我的身体保持韧性，大脑清晰。我还会经常做一些时间更长、更为激烈的运动，比如说滑雪、打网球、骑自行车、远足或攀岩。

保持大脑灵活、斗志昂扬。30 年前，彭尼说服我跟她一起参加一门冥想课程。这让我发明了一套独特的冥想方法——每天 2 次，每次 20 分钟。它不仅非常有效地帮助我应对各种压力，而且还可以帮我更好地应对时差问题。冥想会让我感觉更加和谐，这对我应对高压力环境至关重要。此外我还经常祷告，经常抽出时间进行自我反省。

不要过于紧绷。这可能是我最大的挑战——因为我做事时总是很严肃，很专注。我用来放松自己（当然，放松不等于放弃）的方法包括：深度谈话、大笑、看场电影或戏剧、跳舞，或者跟朋友们一起玩耍。

修炼要言

◆ 你不可能仅凭一己之力渡过危机，所以千万不要贸然尝试独自应对。

◆ 只要你向大家保持坦诚，你的同事和你的私交好友都会很愿意向你伸出援手。

◆ 学会跟他人一起分担重任，你就会更高效地带领自己的组织穿越危机。

◆ 建立一支稳定的团队，你就可以带领大家一起深挖问题的根源，并一劳永逸地彻底解决问题。

第 3 章

LESSON 3

整合团队，找到问题根源

Dig Deep for the Root Cause

危机好比你家后院的杂草，地下可谓盘根错节。如果你只是斩草而没有除根，问题很快就会卷土重来。

我经常会突然来到某家商店，拨通经理的手机，请他们下楼。然后我们一起在店里巡视。他们根本没有时间提前准备，这样我就可以知道很多东西，因为我可以直接看到我们的客人们看到的东西。

特里·朗德格仁

梅西百货 CEO

危机刚爆发时，人们很容易错误地把许多表面症状理解为真正的问题。人类的本性就是如此，我们很容易在找到深层根源之前就匆匆忙忙地解决表面的症状。危机好比你家后院的杂草，地下可谓盘根错节。如果你只是斩草而没有除根，问题很快就会卷土重来。

作为一名领导者，本能会让你对报告坏消息的人提出质疑，你会怀疑事情是否真的像他所说的那么糟糕，或者你会认为这些人只是比较悲观罢了。你很容易想要来个快刀斩乱麻，赶快把手头的麻烦解决了事。问题恰在于此。

如果只是过快地想要解决问题，你可能会低估了问题的深度，或者是错误判断问题的根源。情况可能远比你想象的严重许多。如果你每天只跟积极思维者打交道，你的团队只会强化你的本能，让你在找到问题根源之前便动手加以解决。事实上，这样做只是暂时掩盖住伤口，而没有进行一场彻底的手术，真正的问题仍在滋长。或者你的快速解决方案可能只是解决表面问题，真正的病因并没有得到根除。

相信，但要印证

要想带领组织穿越危机，你一定要坚持让人们说出全部真相，同时确保他们不会因此受到一些负面的对待。这也就意味着你需要跟组织中的所有人保持密切联系，而不只是你的直接下属。有一句军事术语："相信，但要印证。"这句话在此同样适用。要相信你周围的同事，这是好事，但同时要亲自前往市场、实验室或生产线，

> 一旦与上司建立了持久的关系，作为回报，人们就会对自己的工作投入巨大的热忱，对自己的公司表现出绝对的忠诚。

用第一手的观察来印证你所得到的信息。也就是说，你要用自己观察到的事实来印证你从团队成员那里获取的信息。虽然你在市场上经常只能听到只言片语，或者是不系统的反馈，但它们却能给你许多第一手信息，让你可以印证你从下属那里听到的信息是否属实。

为了弄清梅西百货商店中的实际情况，公司CEO特里·朗德格仁（Terry Lundgren）经常会亲自到店里进行观察，"我经常会突然来到某家商店，拨通经理的手机，请他们下楼。然后我们一起在店里巡视。他们根本没有时间提前准备，这样我就可以知道很多东西，因为我可以直接看到我们的客人们看到的东西。"

那些整天坐在办公室里开会、听报告的领导者们是很难获取第一手信息的，但正是这些第一手信息能引发他们的情感和直觉，让他们了解到更多真实的情况。

在美敦力任职的 12 年中，我先后 1 000 次前往全球各地的手术室和医院病房进行实地观察。对于一个像我这样几乎不懂医疗业务的人来说，这些经历让我可以更好地了解医患关系，以及我们的产品是如何帮助医生们治疗病痛的。每次看到我们的产品没有达到预期效果，医生们因此变得愤怒（一位医生甚至拿着带血的导管砸我）时，我都会下定决心，一定要确保公司的所有产品都达到完美无缺。

我还用了很多时间观察美敦力的工厂和实验室。我发现公司的员工们，跟我所见到的医生们一样，都很愿意告诉我公司需要在哪些地方作出改进。就这样，美敦力公司坦诚而透明的企业文化让我们更容易发现问题的根本。

了解问题的根本

1987 年，当我接过霍尼韦尔公司航空航天事业部领导职位的时候，我发现公司的军用航空部门签下了几笔价格固定的防卫协议——但这些项目的成本却远高于其收益。跟管理层开过几次会之后，我们决定立刻在财务报表上公开这笔高达 2 500 万美元的损失。

当我把这一问题告诉公司 CEO 和首席财务官时，他们决定立刻向全体股东公开这一消息。这一决定招来了一些批评报道，公司股票立刻被降级，随之而来的还有一些负面新闻。

根据我以往无数次应对此类问题的经验，我知道我们必须深入分析，以找到问题的根源。结果发现，事实远不止于此。我们用了整整三个月时间才算清公司在这些协议上的损失——如果把所有损失累计在一起的话，金额高达 4.5 亿美元。

霍尼韦尔的董事们勃然大怒，因为他们一直认为这些协议毫无问题，即便出现成本超支的现象，也可以通过修改订单来加以补救。但这一做法在新的环境中显然已经行不通了，我们只能承担这些损失。大股东们则变得更加不安，他们质问公司 CEO 和高级管理层是否知道自己究竟在做什么。在一次与 300 名股东举行的会议上，我为 CEO 做了辩解，向大家解释我们如何陷入这一困境，以及我们准备如何应对。为了应对股东们可能发起的责难，我不断告诉自己，责任并不在我，我只是在收拾残局。

接连开了几个月的会之后，我终于找到了问题的根源。两年之前，我的前任为了避免人们看到这笔损失，曾经指示相关负责人不要发布任何关于成本增加的信息。由于没人提出问题，所以管理层并没有采取任何纠正措施，结果问题变得愈加严重。

后来我问上司，他怎么看待我处理这件事的做法。他回答道："你做得很好，不仅公开了真相，还找到了问题的根源，只是你应该在一开始就公开 4.5 亿美元的损失。"他说得没错，但刚开始我们根本不知道具体的损失金额有多大。要知道，我们用了几个月时间才计算出最终的结果。

回想起来，我一开始应该这样告诉大家："我们发现公司超支 2 500 万美元。但这是否只是全部损失的冰山一角，目前还不得而知，所以我们只能继续深入调查，看看问题到底有多严重。"这可能会让股票市场波动几个月，但它却可以让公司彻底避免在最终公布财务损失时所遭遇的信任危机。

无论何时何地，保持信誉都是最重要的。

温·瓦林：美敦力前CEO带领公司寻找问题根源

20世纪80年代中期，美敦力曾经在质量问题上有过一次痛苦的经历。10年前，公司的心脏起搏器中的电池出现了严重的质量问题。这家一向标榜为病人提供高质量产品的公司对此表示否认，它根本无法相信自己的产品会对病人造成伤害。虽然后来公司用新产品取代了问题电池，但它始终没有找到出现这一问题的根本原因。

1984年，美敦力又出现了类似问题，这次是公司的起搏器电极导线出了问题。美敦力再次否认。董事会换上了我的前任温·瓦林（Win Wallin）担任CEO，后者最终挽救了这家公司。

温·瓦林把所有关键人员召集到一起，带领大家做了两件事情：（1）深入分析问题的根源，确保以后不会再发生此类事件；（2）对组织内外实现完全透明，这样可以迫使内部人员从根本上解决这一问题。

第二件事情意味着公司要将所有资料呈交政府监管部门——哪怕这样做意味着巨大的风险。

结果表明，导线之所以出现问题，真正的原因在于公司没能对所有从市场上召回的产品进行认真检查。只是当问题已经相当严重时，工程师们才不得不承认这一失误。很多产品质量问题之所以没有被呈交上来，是因为医院并没有提交所有的问题报告。等到问题已经变得无法收拾时，它所造成的影响已经传播开来。为了应对来自医生、病人和消费者利益团体的指责，公司内部一些关键人士干脆抵赖到底。

为了应对这一事件，美敦力管理层决定对所有问题一查到底，以便确认类似产品可能引发的问题究竟有多严重。此外它还安装了一套追踪系统，以便监督了解所有主要医院中的相关医疗事故，并以季度为单位进行公开。

温·瓦林和他的前任之间最大的区别在于，他以最快的速度请来专家深挖问题的根源。**领导者其实并不用亲自动手解决问题，他们只需要提出问题，确保大家找到问题的根源，并设法彻底纠正即可。**否则的话，只是表面上解决问题无异于隔靴搔痒，非但解决不了根本问题，而且会导致更多的问题，引发意想不到的后果。

4年后，当我加入美敦力的时候，整个组织的态度与起搏器电极导线事故前截然不同。人们可以公开讨论这件事情，并发誓此类事件绝不会再发生。当然，这并不意味着公司再也不会出现产品质量问题，因为没有一种医疗设备可以做到绝对完美无缺。即便在2008年的时候，美敦力的新式去纤颤器导线出现事故。但这次公司的预警系统立刻响应，CEO比尔·霍金斯（Bill Hawkins）马上采取措施用原有的产品取代新式去纤颤器导线。

由此不难看出，除非能够找到问题的根源，否则类似的事故几年之内仍然可能再次发生。所以作为一名领导者，你一定要设法避免这种情况，否则下次问题只会变得更加严重。

你找到根源了吗

要想判断是否找到问题的根源并不是一件容易的事。唯一的办法就是请来公司所有的专家，仔细分析问题，并给他们足够的时间得出确定的结论。或者你还可以请外部专家进行诊断。

在美敦力，我们会请一些懂得临床问题的医生提出自己的看法，同时还会请科学家们从"科学首要原理"的角度发表自己的看法。彻底弄清所有问题之后，我们会制定出最终确定的解决方案。不仅如此，在大规模实施该解决方案之前，我们还要找来公司内外的专家们反复进行严格测试。即便如此，我们还是不太确定该解决方案是否正确。

如果问题属于高技术难题，分析起来可能就会花费很长时间。如果外部压力很大，需要你立刻给出答案，时间就会变得很难熬。但如果此时你作出妥协，提供一些不太准确的评估，情况反而会变得更糟糕。遇到这种情况时，你需要不断向相关人士公布事情的最新进展，同时确保你的管理团队在全心投入地解决问题。当你的组织确信已经找到正确的解决方案时，接下来

> 个人支持群体是帮助你获取智慧和建议，并进而提高领导能力的最有效的途径之一。

就要全力以赴地落实该方案了。但作为领导者，在告诉外界你已经找到一个可以接受的解决方案时，你应该表现出谨慎的乐观，而不是完全的自信。

危机归来

迄今为止，关于危机管理最经典的一个案例，当属强生公司 CEO 詹姆斯·伯克（James Burke）对于泰诺危机的处理了。

詹姆斯·伯克：强生公司前 CEO 成功应对舆论压力

1982 年，芝加哥一位不知姓名的患者在服用泰诺胶囊之后死亡。很快，洛杉矶又有一位患者因为同样的原因死亡。接连三起事件发生之后，伯克决定在全国范围内召回所有的泰诺。

就在强生团队夜以继日地寻找解决方案的同时，伯克也频繁出现在各大晚间新闻当中，用他的沉着安抚人们，防止事情变得更加糟糕。六个星期之内，强生团队找到了一种替代性解决方案，使得泰诺再次回到市场上，重新占领已经失去的市场份额。

伯克的这一举动理所当然地使其成为美国人心目中的英雄。他指出，泰诺的包装并不是绝对防干扰的，因为这样的设计是根本不可能的，但他私下里也承认，如果再发生一起类似事件，强生公司的品牌就会陷入大麻烦。

不幸的是，四年之后，同样的事件再次发生：一位名叫戴安·埃尔斯罗斯（Diane Elsroth）的患者死于泰诺胶囊中所含的毒素。对于伯克来说，这一消息无异于噩梦归来。"我们简直无法相信这样的事情会再次发生。"他说道。

由于这看起来是一起孤立事件，所以伯克并没有立刻从市场上召回泰诺产品。

这次媒体不再原谅强生了。在此次事件发生后第二天举行的记者招待会上，伯克将这次中毒事件说成"一起恐怖事件，这点不容置疑"。伯克还指责媒体"把这件事情变成了一场马戏表演"。他接着告诉记者，"当你们一次又一次地使用诸如'恐怖'和'全美国的噩梦'之类的字眼时，我觉得是非常不恰当的"。幸运的是，强生公司终于推出了一种可以防干扰的胶囊设计方案。压力之下，仅仅过了 6 天，伯克就决定斥资 1.5 亿美元，用这种设计方案取代泰诺胶囊原来的包装设计。

做出这一决定之后第二天，伯克再次出现在全国性的新闻节目中，记者问道："你想对戴安·埃尔斯罗斯的母亲说些什么？"从当时的视频资料上，我们可以看到伯克满头大汗，一边回答，一边紧张地挠头，"我想说的是，要是我们 4 年前使用这一替代性设计方案就好了！"他的这一坦诚表态安抚了全国的媒体，也让我们看到了伯克极其真诚的一面。

强生这次痛苦的经历说明了一个问题：找到问题的根源并不容易。伯克坚持让强生公司始终把消费者放在第一位，并因此保住了自己的声誉。20 年后，泰诺依然是市场上最受欢迎的止痛药品牌，强生公司的声誉依然完好无损。

整合团队

在多年保持年均 18% 的高速增长之后，美敦力的销售额在 1998 年出现严重下滑。我们在此前经过了 1997 和 1996 这两个最为辉煌的年份，我已经习惯了高速增长，所以我认为这次下滑可能只是暂时的。但我们的业务主管却指出，事情并没有那么简单，我们在一些市场上的份额已经被竞争对手抢走，其他市场很可能也会出现类似的情况。

这个消息让我感到非常沮丧，于是我指派相关财务人员仔细分析每个业务可能遭受怎样的损失。结果让人更加沮丧：如果按照这种态势下去，1998 年的增长率将无法维持公司对外公布的年度目标，我们的销售额根本无法实现 15% 的增长率。

在把所有执行官召集到一起之后，我让公司首席财务官公布了这一结果，并请大家谈谈自己的看法。一些执行官认为我们应当把公司年度增长预期下调到 10% 或 12%。还有人认为我们应该出售那些亏损业务。其中一人坚决要求公司应该重新回到自己的本源，

> 只有亲自经历一些事情之后，我们才会真正地找到自己在这个世界上的位置，也只有这些经历才能帮助我们理解为什么实现理想的道路是那么艰难。

重新大力发展心脏起搏器和去纤颤器。公司副总裁则建议应当通过收购来实现扩张。此次会议之前，我认为问题的根源在于美敦力不可能仅凭现有的市场实现我们的增长目标。当时整个市场的增长率从 8% 下降到 6%，美敦力在大多数业务领域中的市场份

额已经超过了 50%，如果继续局限在现有的业务领域中，我们就根本不可能实现 15% 的增长目标。

当时我看到了两个选择。一个是设定比较现实的增长目标，让股价回归到其应有的自然水平，放弃美敦力要成为"全球最领先的医疗科技公司"这一目标。第二个是更加冒险的选择，就是通过收购进入一些增长率更高的市场。本能告诉我应当选择第二种方案，但有三个问题：（1）公司此前的收购大都不太顺利；（2）收购需要花费大量时间，需要很久才会对公司的业绩产生影响，而且也不一定能够顺利进行；（3）我们有 4 位执行官坚决反对这一方案。

在随后进行的激烈争论中，我意识到，最根本的问题是阻止美敦力的市场增长率下滑。而导致这一问题的更深层次的根源是：我们的组织已经对继续实现高增长率失去信心，连续 12 年的增长已经让我们筋疲力尽。

我决定不再征求所有人的同意——这有些不太符合我的性格，转而指派一支由高级管理人员组成的团队进行收购，同时让其他人努力加快推出新产品，重新恢复我们在现有市场上的增长率。我非常清楚，这是一个非常冒险的决定，成败在此一举。

结果美敦力接连受到好运的眷顾，我们很快找到了一些不错的收购对象。在随后 6 个月时间里，美敦力接连进行了五次大规模收购，随后又进行了两次收购。这七次收购的成本都很高，共计达 140 亿美金，因为它们大都是高增长市场中的领先公司。就这样，一连串的收购行动让美敦力从一家专营心脏起搏器和去纤颤器的公司变成了全球最领先的医疗科技公司。

整个过程非常繁杂，充满了各种争执和纠纷。但最终的结果让大家都非常满意。毫无疑问，**我们很幸运，但我从来不相信好运会从天而降**。相反，我更愿意相信欧普拉·温弗瑞（Oprah Winfrey）所说的，"运气只不过是准备碰到机会时的表现形式罢了。"正如"冰球大帝"韦恩·格雷茨基（Wayne Gretzky）曾经说过的那样："一旦错过机会，就会一无所得。"

修炼要言

◆ 如果找不到问题的真正根源，你的组织就不可能完全
渡过危机。

◆ 领导者必须带领自己的下属一起克服心中的恐惧，并
最终真正解决问题。

◆ 只要领导者敢于承担风险，队友们就会积极配合。

◆ 一旦领导者下定决心，之前的犹豫和对失败的担忧就
会转化成一股强大的合力，把一个非常冒险的决定变
成一次巨大的成功。

第 **4** 章
LESSON 4

重塑领导力，作好打持久战的准备

Get Ready for the Long Haul

他们就像是航海中的水手，以为只要盖好舱口，等待风暴过去就行了。但想想看，如果风暴一直不过去怎么办？

很多危机似乎是一夜之间冒出来的，但它们往往都有很深的根源，危机的种子往往早在 10 到 15 年之前就已经埋下了。

安妮·马尔卡希

施乐公司 CEO

我们都想能像天气预报那样预测危机何时会过去，这种想法的确很有诱惑力。可问题是，想预测危机何时到来就已经很不容易了，要想预测危机何时会结束，那更是难上加难。

过早地宣布"危机已经过去"是一件非常危险的事情。想想看，当小布什穿着绿色的飞行员制服，站在"林肯号"航空母舰上，站在一块大大的"使命完成"公告牌前，向全世界宣布"伊拉克战争已经结束"的时候，他的行为给美国人带来了怎样的影响啊——千万别把这件事告诉那些过去 6 年间一直在伊拉克奋战的美国士兵们！美国在这件事情上表现出来的幼稚和愚蠢不仅影响了盟友对美国的支持，还引起了人们对小布什领导能力的怀疑。

就算一家组织已经深陷危机，很多人仍然会表现得很天真，认为只要自己做一些战术上的调整，比如说主动减产以待市场回暖等，就可以带领企业轻松渡过难关。他们相信，一切都只是时间问题，市场很快就会重回巅峰状态。他们就像是航海中的水手，以为只要盖好舱口，等待风暴过去就行了。但想想看，如果风暴一直不过去怎么办？如果需要你的组织做一些根本的战略方向调整怎么办？

遇到危机时，我们最好理性一点，不妨先假设危机会持续很长一段时间。不仅如此，当情况回归"正常"（如果说这个世界上还有正常状态的话）的时候，一切都会变得面目全非。所以一旦感觉可能会出问题，你首先应该问自己：我看到

> 领导是一段旅程，而不是一个终点。它是一场马拉松，而不是一段冲刺跑。它是一个过程，而不是一个结果。

的是一块微不足道的浮冰，还是可怕冰山所显露的一角？当你对答案并不确定时，千万不可轻举妄动。否则你就是在自找麻烦。

事情仍在恶化

身陷危机时，人们自然会希望情况不会变得更糟。但相信我，情况确实有可能会变得更糟。在绝大多数情况下，日出之前仍旧会有一段最可怕的黑夜。

2008 ～ 2009 年经济危机到来之前，很多人根本没有注意到之前就已经显露的次贷危机。就算是当贝尔斯登被迫出售给 J.P. 摩根公司时，业内人士仍然没有料想到其他金融机构也可能会遭遇相同的命运。只有当雷曼兄弟、AIG、美林等金融巨头在 2008 年 9 月的一周时间里相继陷入困境时，那些金融领袖们才开始意识到问题的严重性。

2007 年早期时，高盛公司在次级贷款业务中——包括抵押银行新世纪金融倒闭所带来的一些影响——遭遇一定的经济损失。由于高盛公司的资产负债表已高达 1.2 万亿美元，所以这些损失

似乎不值一提。

可当高盛的顶级执行官们深入研究公司的次级贷款业务时，他们意识到，如果不立即采取相应行动，情况可能会变得难以挽回。于是他们当机立断，立刻退出次级贷款业务，并终止与乡间金融公司等专攻次级贷款业务的公司之间的合作（咨询服务除外）。与此同时，乡间、花旗、UBS 和 AIG 等则更加积极地拓展次贷业务。18 个月后，一切崩塌。

试问，高盛为什么能够躲过这场次级贷款业务危机？难道是因为它的高级经理们比其他人更聪明或更幸运？可能都不是。在我看来，高盛之所以能幸免于难，原因在于它的高级经理们都非常善于管理风险，虽然高盛的业务极其复杂，但他

> 卓越领导者们知道，要想在激烈的竞争中取得成功，他们就必须表现出高度的自制力。

们还是会认真展开深入分析，直到弄清所有业务环节中的所有风险。通过每天分析自己的市场份额，高盛比其他金融机构更早地意识到次贷危机的到来，这也就使得它比其他机构提前整整一年撤出次贷业务。

高盛的领导者们没有天真地以为事情不会变得更糟。他们调动专业人士对问题进行了深入的研究，最终意识到，如果不及时采取行动，情况就会变得一发不可收拾。

危机都有很深的根源

领导者们经常看不到危机的到来。不仅如此，他们也不愿承认自己早该嗅到危机的气味，反而一味地把危机归罪于那些超出自己控制的外部事物。很多人似乎以为危机是凭空冒出，或者纯粹是上帝的旨意——就像卡特里娜风暴一样。可事实往往并非如此。记得施乐公司 CEO 安妮·马尔卡希在访问哈佛商学院时曾说过："很多危机似乎是一夜之间冒出来的，但它们往往都有很深的根源，危机的种子往往早在 10 到 15 年之前就已经埋下了。"

我们不妨先了解一下花旗银行当前危机的根源，这可以回溯到桑迪·威尔（Sandy Well）主政时期。威尔所取得的成就让他声名大震，成为整个华尔街的偶像，拥有巨大的权力。在他的领导下，花旗银行形成了一种极富活力、极重成长的组织文化。但花旗董事会同时缺少对风险的监管，2003 年，查

> 由于内心总是充满疑虑，他们无法果断地作出决定。而这种优柔寡断又会直接影响到公司的业绩和竞争力。

克·普林斯接任花旗 CEO 一职，他不得不投入很大一部分精力解决威尔时期遗留下来的法律和道德问题。在普林斯执掌花旗的第一年，这家银行足足支付了超过 50 亿美金的罚款和法律诉讼费用。

很明显，这还只是冰山一角。直到 2007 年 11 月，普林斯辞职之后，花旗的问题才充分暴露出来，为了避免银行陷入倒闭，花旗被迫向美国政府申请 3 510 亿美元的股权投资和贷款担保。

2008 年后半年，时任 CEO 潘迪特（Vikram Pandit）还宣布裁员 75 000 人。

同样，AIG 遭遇的危机也迫使美国财政部不得不收购该公司 80% 的股权，指派爱德华·李迪（Ed Liddy）担任 CEO，并提供 1 730 亿美元的援助资金，最终才帮助 AIG 渡过难关。AIG 的问题根源在于，李迪的前任汉克·格林伯格（Hank Greenberg）和马丁·萨利文（Martin Sullivan）将公司的结构整合得过于松散。

跟威尔一样，格林伯格在华尔街同样是大权在握、万众敬仰的偶像级人物。他在 1987 年发明了信用违约互换市场，AIG 公司全部董事成员均由格林伯格亲自任命。2006 年，他由于审计丑闻被迫辞职。从多个角度看，格林伯格都堪称是一个悲剧性的人物：他成功地将 AIG 带向了辉煌的顶峰，最终却没能带领公司适应 21 世纪的行业新规则。

事后看来，我们很容易把威尔、格林伯格和他们的继任者们归类为"失败的领导者"，但这种说法有时也未免过于武断。考虑到市场股价的压力，管理者们很难对此无动于衷。**当市场不断成长，公司所面临的竞争越来越激烈的时候，管理者们很容易忽略各种潜在的风险，他们甚至会甘冒更大的风险来保持公司的赢利水平，使其更加符合市场预期。**

采取果断行动

在处理类似问题时，英特尔公司 CEO 安迪·格鲁夫（Andy Grove）在其大作《只有偏执狂才能生存》（*Only The Paranoid*

Survive）一书中的做法可谓发人深省。格鲁夫是一个充满危机感的领导者，他总是担心公司明天的市场会在一夜之间发生巨变，英特尔会彻底失去自己的市场领导位置，在这种心态主导下，格鲁夫总是对英特尔所面临的风险非常警觉，而且随时准备应对最糟糕的情况。

安迪·格鲁夫：英特尔公司前CEO与日本对手的市场厮杀

1984年，安迪·格鲁夫带领英特尔经历了公司有史以来最严峻的挑战：在来自日本的竞争对手咄咄逼人的攻势下，英特尔很快失去了在内存市场的领先位置。格鲁夫和他的经理们用了整整一年时间才有效降低公司运营成本，把产品价格稳定下来，但一切似乎都于事无补。日本公司采用了量产低成本的策略，将产品定价一路压低到英特尔产品价格之下，英特尔的市场份额再度明显下滑。市场份额跌到只有一位数时，英特尔的危机已经到了非常严峻的地步。可英特尔的困境似乎还远不止于此，如果不采取果断措施，公司很可能要被迫完全退出内存市场。

正如格鲁夫后来回忆的那样："我们的订单像雪花一样蒸发了。我们不停地开会，大家各执一词，提出了各种各样的方案，但最终却莫衷一是……随着内部争论不断升级，公司所面临的损失每天都在增加。这的确是极其严峻、令人沮丧的一年。我们失去了大部分阵地。整个公司都在死亡之谷徘徊。徘徊了将近一年之后，我跟英特尔公司主席兼 CEO 高登·莫尔(Gordon Moore)坐到了一起。我问道：'如果我们被挤出局，董事会选出一位新任 CEO，你觉得他会怎么办？'高登毫不犹豫地回答道，'他会退出内存市场'。我瞪着他，半天说不出话来……最后我说道：'为什么我们不能这么做呢？'"

事情并没有那么简单。格鲁夫又用了一年时间才说服他的团队同意退出内存市场。在这个过程中，英特尔将所有资源转移到微处理器领域，并凭借自己的技术优势占领了这一市场排头兵的位置。

这一决定使英特尔公司迎来了随后 20 年的高速增长，微处理器业务也成为了所有个人电脑的心脏。通过持续不断的技术进步，英特尔公司逐渐将微处理器变成了一件大众用品，而这一切都要归功于格鲁夫当初承认情况可能会更加糟糕，并据此采取了果断的行动。

回想起为什么似乎"外行更容易找到症结所在"这个问题的时候，格鲁夫写道：那些对所作决定没有情感纠葛的人更容易看到症结所在。来自外部的 CEO 们并不一定比自己的前任更加优秀。他们只有一个非常关键的优势：新的管理者不会对公司之前的经营有太多情感上的牵挂，所以他们也就更容易做出理性的判断。在这个问题上，他们会比自己的前任理智得多。

钟彬娴：雅芳 CEO 利用危机重塑领导力

雅芳 CEO 钟彬娴也曾经遇到过类似的情况。2005 年，经过 4 年的高速增长之后，雅芳公司的增长速度开始急速下滑，公司股价随之一落千丈。一位 CEO 告诉钟彬娴，"不妨试想你被开除了，想想看，当你重返 CEO 职位的时候，你会怎么办……"

钟彬娴告诉对方，"要做到这点并不容易，毕竟，我并不是刚刚上任！"她说道：你必须触碰几乎所有的人际关系，你要开掉你当初任命的经理人。他们也都并非无名之辈。但如果你能做到这一点，那对双方都有好处。你对这家公司有感情，还有着很强烈的激情。但你必须痛下杀手，作出果断的决定。从执行的角度来说，做到这点并不难，但从情感上来说，它却并不是一件容易的事。

钟彬娴并没有只着眼于眼前，她决定利用这次危机来重造雅芳。首先，她砍掉 3 亿美金预算，将雅芳的组织层级从 15 层压缩到 8 层。为了将雅芳带向新的方向，她决定将所有节省下来的开支用于公司未来的增长。股东们对这一计划大为不满，雅芳股价再度下滑，但钟彬娴并没有丝毫动摇。

进入 2006 年之后，钟彬娴感觉自己跟之前 4 年已经截然不同。"我重塑了自己的领导能力，它的重要性丝毫不亚于通过战略调整重塑整个公司。"很快，雅芳重新回到了高增长的轨道，两年之后，雅芳的股价再创历史新高。

想想看，遇到类似问题时，你是否准备"重塑自我"，克服诸多情感上的障碍，理性地作出可能是你职业生涯中最为痛苦的决定？如果答案是肯定的，那么你可能会成为一位伟大的领导者。

上面所讲的高盛、英特尔和雅芳的故事有一个共同点：它们的领导者都很真诚，都能够跟随自己的真北，直面眼前的问题。它们的领导者都极具智慧，都能意识到情况可能会变得更加糟糕。通过摸清浮冰之下冰山的深度，他们成功地带领自己的组织渡过了各种

> 领导者的成功归功于自身成长过程中接受的那些价值观念，比如尊严、诚实、尊重别人等。你不可能伪造自己的价值观。你必须遵守它们。你就是你。

危机。危机过后，他们也自然而然地变得更加强大起来。

危机之中，现金为王

危机之中，现金为王。我说的不是每股收益，不是收入增长率，也不是资产回报率。生存必须凌驾于短期的经济回报之上。问问自己，你是否有足够的现金储备来渡过最为糟糕的危机？如果答案是否定的，你应该立刻采取行动，增加公司的现金储备。

"储备现金是一种糟糕的做法，不要惧怕债务"，在过去的 20 年间，这是一种非常流行的说法。它起源于 20 世纪 80 年代的敌意收购风波，当时的敌意收购者们手持迈克尔·米尔肯（Michael Milken）的垃圾债券，通过大肆举债的方式收购自己中意的公司。

里根时代的低利率政策，再加上各种新式金融工具和对冲工具的出现，大大改变了金融行业对现金流的看法。投资银行不停地告诉客户各种金融杠杆的作用，引诱他们大肆举债。股票市场也变得不再重视公司现金流，而且随着这一潮流

> 只有确立明确的道德界限，并在面对压力的时候顽强地经受住考验，我们才能及时返回原有的轨道。

逐渐占据主导位置，现金逐渐被认为是一种不利于获取高额投资回报的东西。这样一来，那些现金流非常充盈的公司就不得不从市场上回购股票，以减少公司现金流。由此一来，一旦爆发全球性的金融危机，那些金融机构立刻陷入现金枯竭，这也就不足为奇了。

富有智慧的领导者们则懂得如何顶住压力，选择一条更为保守的路线。正如 Vanguard 公司前任 CEO 约翰·博格尔（John Bogle）所说："我们已经从'所有者社会'转到了'经纪人社会'。"经纪人可以随时抛售你的股票，但你必须实际运营这家公司。当**外来者督促你使用金融杠杆的时候，作为一名领导者，一定要记住，你的任务是保证公司拥有持久的竞争力。**

应对早期预警信号

早在 2007 年，当前的经济危机就已经发出了一些信号。高盛公司 2007 年初在次级贷款业务分析报告中就已经指出了这一点。当年 8 月，当我跟好朋友在加拿大不列颠哥伦比亚省的巴格

布山滑雪的时候，我们又得到了一个新的信号。记得有一天下午，我在 5 点 30 分左右回到宿营地时，高盛 CEO 伊洛伊德·布兰克费恩给我打来电话，告诉我有几支基金，包括高盛的一些基金，当天表现都非常糟糕：似乎所有人都在抛售，却没有一个人在买进，价格因此急剧下跌。

由于担心市场不稳，以及可能存在的系统性风险，高盛的高级执行官们决定立刻提高公司资产流动性，以应对可能出现的漫长的经济危机。与此同时，雷曼兄弟却在继续依赖金融杠杆，减少公司的现金储备。雷曼 CEO 理查德·富尔德没有告诉大家，早在 2007 年底和 2008 年上半年经济危机便已初露端倪。即使在 2008 年 3 月，贝尔斯登公司的崩塌都没能让富尔德及时调整自己的战略。

2008 年 9 月 14 日，星期天，此时的雷曼已经面临着过大的金融压力，任何人都无法在亚洲市场开市之前挽救它了。随后美林匆忙出售给美国银行，AIG 则只能由美国政府接管……美国大萧条时代以来最大的金融恐慌由此蔓延开来。

不同的是，高盛集团则于 2008 年 8 月宣布公司的流动资金高达 1 000 亿美金——而当时几乎所有其他金融机构都面临着巨大的现金压力。随着信贷市场进入冰冻期，投资者们开始撤回资金。为保险起见，高盛吸收了来自沃伦·巴菲特的 100 亿美金投资——巴菲特的这一举动为高盛注入了强大的信心，其价值远远大于 100 亿美金。

但金融风暴并没有就此结束，前方依然是漫漫长夜。在美国财务部的安排下，富国银行和 J.P. 摩根分别接收了美联银行和华盛顿互助银行。2008 年第四季度，经济危机达到最疯狂的状态，各大金融机构纷纷命悬一线。金融危机对美国经济形成重创，并把冰岛和乌克兰相继推到了破产边缘。

最终，2009 年 4 月，三家在危机早期作出最坏打算的公司开始出现复苏迹象。富国银行当季赢利 30 亿美金，几天之后，高盛公布赢利 17 亿美金（其全球范围内流动资产增加到 1 640 亿美金），而 J.P. 摩根当季的赢利则为 21 亿美金。

修炼要言

◆ 千万不能低估自己面对的危机的严重性和持久性，即使这些危机跟整体经济毫无关系。

◆ 在危机早期阶段，一定不要过早地宣布危机已经结束的消息。

◆ 对于组织来说，生存才是最重要的目标，只有这样才能在危机过后依然保持强大。

第5章

LESSON 5

珍惜危机，引燃组织的未来

Never Waste a Good Crisis

虽然人们很难在危机之中看到机遇，但在很多情况下，危机的确能帮助你重塑自己的组织。

　　危机都会提供一些绝佳的机遇，千万不要浪费！

　　　　　　　　　　　　马基雅维利

　　　　　　　　　　　　《君主论》作者

在《君主论》一书中，意大利思想家马基雅维利这样建议自己的追随者：**"危机都会提供一些绝佳的机遇，千万不要浪费！"**

虽然人们很难在危机之中看到机遇，但在很多情况下，危机的确能帮助你重塑自己的组织。

处于业务发展期的时候，公司的人员和预算不可避免地会急速扩张，很多铺张浪费的习惯就会随之滋长。人们不愿意削减公司的基础设施，不愿减少人员，因为他们认为这样做可能会妨害公司的长期发展和业已奠定的市场地位。根据多年的经验，我感觉这些都是一些应该及时根除的坏习惯。如果不能及时发现问题，应立刻采取果断措施来解决问题，不然情况很快就会恶化。一旦如此，公司的开支会立刻超出收入水平，造成难以挽回的损失。

温迪·科普："为美国教书"创始人的财务困境和战略调整

1989 年，22 岁的普林斯顿大学毕业生温迪·科普（Wendy Kopp）创办"为美国教书"（Teach For America，简称 TFA），立志要确保每个美国儿童都能接受高质量的教育。她的目标是：通过招募一群全新的年轻教师，每个人投入两年时间为 K-12 （kindergarten to 12th grade：美国从幼儿园到 12 年级的教育体系。——译者注）的贫家子弟教学，以此来改善美国当时的公共教育系统。

1995 年，历经 4 年的成功后，TFA 遇到了困境。很多早期的资助者纷纷撤出，前来应聘的任教者人数开始下滑，财政赤字高达 275 万美金。不仅如此，TFA 还受到了诸多教育机构的攻击——他们认为 TFA 并不利于孩子的成长。重压之下，科普每周工作 100 小时，想尽一切办法来拯救 TFA。在最困难的时候，她甚至想到要关闭这家刚刚发展起来的组织，或者辞职让其他人来接手。

经过一段漫长的灵魂探索之后，科普决定利用这场危机来重新强化 TFA 的核心使命。她一举裁掉 40% 的员工，停止两个战略计划，并为 TFA 制订了第一个五年发展规划。虽然这些变革看起来很痛苦，但它们却让 TFA 重新回到正轨。到 2008 年为止，TFA 的教师数量增加到 6 600 人，其中有 67% 都取得了"重要的课堂收获"。更加重要的是，TFA 教育了整整 22 000 名学生，其中有 60% 都在离开 TFA 之后继续接受更高的教育。

科普本人也因为出色的领导能力而被提名为"美国最佳领袖人物"之一，成为整个国家的教育改革代言人。如果不是因为科普的坚忍和她对 TFA 使命的坚持，TFA 可能根本无法渡过那场危机。就这样，科普利用一场危机重塑了整个 TFA，为该组织未来的持续成功打下了良好基础。

浪费一场好危机

跟科普相比，真正的悲剧在于，很多大公司的管理层根本没有想到利用危机所带来的黄金机遇改造自己的组织。30 年来，通用汽车公司管理层始终没有意识到自己所面临的危机，相反，他们把面前的困境看成是短期事件，而不是改造公司的机遇。它的执行官们

> 激情是非常重要的。你必须要让周围的人看到你的激情，否则你就无法带领整个团队继续向前。而激情又是无法作假的，如果内心没有激情，你根本不可能伪装出来。

动不动就向美国政府求助，恳请后者通过各种方式——比如说向外国汽车征收高额关税，推迟联邦政府的提高燃油效能计划，或者是接管通用汽车的健康医疗福利等——来帮助公司渡过难关。

1981 年，通用汽车管理层说服美国政府减少进口日本汽车的数量，以防止日本汽车公司侵占美国的汽车市场。可尽管如此，通用管理层还是没能抓住这一机遇来重占自己的市场份额，投资生产更有竞争力的车型。相反，他们反而趁机提价，妄图继续维持公司已经岌岌可危的高利润率。结果呢？当政府最终撤销进口限额的时候，通用汽车的竞争力顿时一落千丈。

1992 年，我和太太曾经招待过通用汽车凯迪拉克部门的总裁，他当时前来明尼亚波利斯观看 NCAA 最终四强对决赛（Final Four Basketball Tournament）。虽然知道通用汽车的执行官们不喜欢乘坐竞争对手的汽车，但我还是不得不用雷克萨斯去机场迎接他——这的确是一件让人尴尬的事情，但当时我们家只有外国汽

车。当时雷克萨斯进入美国市场仅仅两年，但却已经从凯迪拉克手中抢走了很大一块市场份额。

这位执行官立刻问我喜欢雷克萨斯哪些性能，我随即列出了一些雷克萨斯优越于我之前所买过的美国汽车的地方。然后我问他："你觉得如何？"他回答道："我从来没买过雷克萨斯。"难怪他和他的同事们总是在用自己的新车型跟通用之前的车型相比。当管理层不去给设计师和营销人员施加压力，强迫他们将自己的产品跟竞争对手的产品进行客观对比时，他们的设计师自然只会用新的作品跟自己之前的作品相比。

20世纪60年代，通用汽车的市场占有率高达51%，到了2009年，这一数字下降到了19%，但尽管如此，通用汽车还是野心勃勃地想要成为美国汽车市场的最大赢家。虽然该公司市场份额一直在不停地下降，但公司管理层却始终没有认真利用这一危机来改造自己的公司，因为他们担心自己会在下一轮市场回暖时错失良机。相比之下，福特汽车则一直在压缩开支

> 在成为一名领导者的时候，你所面临的最大挑战就是要学会激励员工，培养员工，并帮助员工学会改变自己。

和生产，以应对可能到来的艰难时刻。2008年末，汽车市场陷于崩塌，通用汽车回天乏力，管理层被迫向美国政府求助。直到2009年6月1日，通用汽车申请破产保护，并把公司70%的所有权转给美国和加拿大政府的时候，这家公司才算看到一丝曙光。

2006年，福特汽车请来波音公司前任执行官阿兰·穆拉里（Alan Mulally）担任CEO。加入公司3个月后，穆拉里宣布福特

将抵押全部资产换回 236 亿美金贷款，以此对整个公司进行一番彻底改造。当穆拉里指出"这笔贷款将用于保护福特应对衰退或其他不期而遇的困境"时，很多观察家们认为这纯粹是一种气急败坏的做法。事实上，正是穆拉里的这一决定拯救了福特公司，危机到来时，福特公司并没有申请政府援助，以此保持了作为一家独立公司的身份。

创造危机来提高自己的竞争力

跟通用汽车管理层形成鲜明对比的，要数传奇领导人杰克·韦尔奇了。

杰克·韦尔奇：通用电气前 CEO 故意制造危机

1981 年，杰克·韦尔奇被任命为通用电气 CEO 的时候，他看到了一个很少有人看到的世界。他确信全球竞争的时代很快就会到来，届时将只有最扁平化最有竞争力的公司才能幸存，所以他要求，通用电气所有部门必须做到本行业内第一第二的位置，否则这些部门就将遭到关闭的厄运。

为了让这家行动迟缓、老态龙钟的组织迅速行动起来，韦尔奇甚至故意制造了一场危机。他把所有主要部门的执行官换成同意自己理念的人，并把其他人全部开除。为达目的，他不会逃避任何挑战，不会放过任何细节，甚至不惜大发雷霆。他裁减了 10 万个工作岗位，包括很多中级管理层。在他的努力下，没过多久，通用电气就从一个庞大的管理机构变成了一架高速运转的机器。

他的凶猛风格为他招来了"中子杰克"的恶名。但他丝毫不以为然，而是投入所有精力提升通用电气内部的领导力。他把纽约的克罗顿维尔变成了世界上最出色的领导力培训实验室，定期前往那里跟公司中级执行官们沟通。

韦尔奇通常会用两个基本的指标来衡量公司的领导者们：业绩和价值观。二者缺一不可。毫无疑问，业绩应当是一个重要指标，但韦尔奇认为价值观也同样重要。任职后期，他甚至会公开解雇那些不符合通用电气价值标准的高级执行官——哪怕此人并没有违反任何法律。2001 年韦尔奇退休时，通用电气已经发展成为全球最有竞争力、最重要的跨国公司之一，这在很大程度上都要归功于他提前预测到了全球竞争时代的到来。

西门子的那点事

相比之下，通用电气的竞争对手西门子、飞利浦、西屋电气、三菱等公司则始终没有摆脱官僚主义。虽然西门子在 20 世纪 70 年代一度被认为是与通用电气并肩而立的竞争对手，但该公司后续几任执行官们根本无法赶上通用电气的发展速度。1992 ～ 2005 年，担任 CEO 的冯必乐（Heinrich von Pierer）曾经成功地对西门子进行了一系列改革，但这家德国巨头依然很难跟上通用的脚步。

2005 年，克劳斯·克莱恩菲尔德（Klaus Kleinfeld）接任冯必乐担任西门子 CEO，并随即发动了一场大规模的反击不法行为、调整公司运营的运动。克莱恩菲尔德想要根除公司内部的不良行径，于是他专门聘请了外部的审计专家，对西门子内部的审计和控制系统了进行了一场大修。

2006 年，一切终于真相大白。根据西门子公司内部的一份审计报告，该公司一共支付了 30 亿美金的贿赂。公司主席冯必乐拒绝对此事负责，并宣称自己对此事一无所知。他指出，自己每年都会给经理们发去公告，提醒他们要遵守西门子的道德准则。

显然，要想督促人们遵守道德准则，单单一份公告是不够的。领导者们必须亲力亲为，确保公司上下恪守道德底线，并通过科学的审计来确保自己能够得到真实的信息。

由于缺乏承担责任的勇气，冯必乐根本无法带领西门子渡过这场危机，公司董事会因此不得不寻找新的领导者。克莱恩菲尔德也被迫辞职，为新的管理团队让位。杰拉德·克罗姆（Gerhard Cromme）被选为监督委员会主席，此外董事会还从默克药业请来了罗旭德（Peter Loescher）担任 CEO。

多年来，克罗姆一直在 Thyssen-Krupp 公司担任主要负责人。他先后在 9 家不同公司的董事会任职，是公认的公司治理专家。上任之后，他首先处理公司贿赂丑闻引发的不良影响，在规定时间内跟美国和欧洲当局达成和解。可即便如此，西门子公司还是为此付出了高达 25 亿美金的罚款和法律费用。罗旭德则立刻开始对公司管理层进行大刀阔斧的改革，使其变得更加扁平，更加富有竞争力。

同样是实力强大的公司，通用电气和西门子在过去20年间所表现出来的领导力可谓形成了鲜明的对比。在冯必乐的领导下，西门子坚持传统的等级制度，而韦尔奇则把通用电气变成了一家行动迅速、极富活力、极富竞争力的公司。相比之下，西门子则是在遭遇重大丑闻之后才被迫发动变革的。

用危机引燃未来

1993年，克林顿宣布将推出健康医疗计划之后，美敦力也曾遭遇了一场重大危机。我们担心这一计划会让公司的一些主要产品——心脏起搏器、去纤颤器，以及其他高利润的产品等——被迫大幅降价。这将迫使美敦力公司大大降低研发费用和客户支持费用。

作为回应，我们开始大幅削减产品成本、人员成本和基础设施成本。我们还利用这次机遇重新调整公司结构，简化组织流程，大大减少组织层级，减少会议和休闲活动次数——并把所有节省下来的资金继续用于公司的研发活动和客户支持。

> 卓越领导能够用一个共同的目标将身边的人聚集到一起，授予他们足够的权力来担负起领导职责，并最终为所有的利益相关人创造价值。

为了获取整个组织的支持，美敦力执行团队一致同意减少薪酬，并放弃了很多福利：公司用车、俱乐部会员资格、金融顾问费用、执行官餐厅和一架专用飞机。这些举动之所以重要，关键不在于它们能为公司节省多少钱，而在于它们大大强化了公司内部人人平等的企业文化。

结果虽然公司并没有被迫降低产品价格，但我们采取的这一系列措施却大大降低了公司的成本。公司利润一路飙升，美敦力的市场份额也出现大幅增长。我们用一部分节省下来的资金资助公司的研发部门，从而将产品研发到上市的时间从原来的 48 个月缩短到 18 个月。为了向客户提供更好的支持，我们又向客服部门增加了几百位专家。

这些举动让美敦力的竞争对手们大为吃惊，我们在心脏起搏器和去纤颤器市场的占有率从 40% 迅速提高到 50%。与此同时，巨大的现金流也帮助我们扩展到其他医疗技术市场，产品开始进入更多的发展中国家。

通过将竞争重点转移到研发和产品支持上，美敦力最大限度地发挥了自己的优势，并将竞争对手挤压到了市场角落。最终西门子、礼来公司、赛诺菲、苏尔和太平洋邓禄普公司纷纷退出了医疗设备行业。

由此可见，美敦力并没有浪费这场危机，不仅如此，我们还用它为公司未来 15 年的成长和扩张打下了坚实的基础。

郭士纳和 IBM 的转型

很少有一家公司能像 20 世纪 90 年代的 IBM 那样，经过一次如此严峻的危机之后，还能完全复苏。

郭士纳：IBM 前 CEO 重建客户关系

20 世纪 90 年代，随着微软和英特尔公司相继推出低成本的微处理系统，IBM 的利润空间被大大压缩，其高成本结构的弊端尽显无遗。

一位一直在 IBM 董事会供职的朋友告诉我，他从没见过一家公司能在这么短的时间里由赢利变成亏损。当时的情况极为严峻，事实上，IBM 内部的战略规划专家们甚至在认真地考虑是否要把公司分拆为 13 块，分别出售给不同领域的潜在买家。

董事会意识到了 IBM 问题的严重性，并坚信这家公司需要一个新的领导团队。他们找到了刚刚率领 R.J.Reynolds 烟草公司完成转型的郭士纳，说服他来拯救被视为"美国珍宝"的 IBM。上任之后，郭士纳立刻开始对 IBM 进行了一场彻底整修。他让所有管理者们面对现实，认清大型电脑的利润正在急速下滑，IBM 需要重建已经岌岌可危的客户关系——具有讽刺意味的是，客户关系管理一直被认为是 IBM 的长项。

为了最大限度地削减成本，郭士纳请来了克莱斯勒公司的杰里·约克（Jerry York）担任公司首席财务官。约克对电脑行业一无所知，但他懂得如何降低成本。作为一位人们常说的"黑脸"，约克根本不关心别人怎么看自己，对各种批评意见也置之不理。不仅如此，他还允许郭士纳扮演"白脸"的角色，并协助后者大力改善 IBM 的客户关系。

　　郭士纳的战略眼光和领导才能不仅将 IBM 从悬崖边上拉了回来，还重新奠定了这家公司的行业领导地位，维护了股东们的利益。对于 IBM 来说，这也是一场没有被浪费的危机。

修炼要言

◆ 伟大的领导者懂得如何利用危机来改造自己的企业。

◆ 无论是大公司,还是中小组织,都能从别人的成功与
失败中获取教益。

◆ 不懂得利用危机完成长期转型,不仅浪费了宝贵的机
遇,还为下一次危机埋下了种子。

第**6**章
LESSON 6

聚光灯下，坚守真北

You're in the Spotlight : Follow True North

危机爆发时，公众会把所有的注意力都转移到领导者身上。人们迫切需要获取信息，他们会仔细观察领导者的一言一行，希望从他们的身体语言、面部表情，甚至是领带和衣服的颜色中得到有用的线索。

要成为真诚领导者，就必须首先确定自己的道德底线。

比尔·乔治

《真北》作者

在当今时代，不一定是政治家或名人才能成为公众人物。企业或非营利组织的管理者同样会成为公众关注的焦点——无论你是否愿意。你的薪酬福利会被公布在报纸上，你所说的话会被四处引用。组织内外的人们会不停地猜测你在想些什么。

现代社会的信息源可谓五花八门，其中有陷阱又有机遇。危机之中，一切都会被成百倍地放大。互联网让世界变得更加民主，各种信息瞬间可得。作为一名领导者，你需要想办法利用这一现状，而不是抱怨甚至逃避。

在这个问题上，没有人能比当今美国总统巴拉克·奥巴马做得更好了。他在 2008 年总统大选中的表现可圈可点。虽然他的竞选团队一直在不停地通过媒体向社会传达一致的信息，但中间还是出现了一些让奥巴马头疼不已的情况，比如说他的牧师赖特（Wright）因为过激言论饱受攻击，他的经济顾问奥斯坦·古斯比（Austan Goolsbee）和他的支持者萨曼塔·鲍埃（Samantha Power）也曾经说过一些出格的话——后者甚至直呼希拉里·克林顿为"魔鬼"。

当我在 1969 年加入备受瞩目的巨头利顿工业公司时，这家公司的公关专家告诉我，查尔斯·桑顿（Charles Thornton）命令他把利顿公司"隐藏在高草之下"。这位专家告诉泰克斯："泰克斯，当你站在一堵 10 英尺的高墙上时，你根本不可能隐藏在高草之下。"当今的商业领袖们的脑袋要远高于高草，所以他们必须学会利用这一事实，而不是设法躲避。

随着博客、微博、YouTube 等工具的普及，每个人都可能会在某一瞬间成为媒体名人。一个人的视角越是极端，他就越会招来众人的关注。各种文章和视频会在朋友们之间疯狂传播，突然之间，似乎整个世界都在关注你。原告、律师和政府执法人员经常会要求被告呈交大量公司邮件信息，希望从中找出有利案件判决的员工言论或其他信息。

危机爆发时，公众会把所有的注意力都转移到领导者身上。人们迫切需要获取信息，他们会仔细观察领导者的一言一行，希望从他们的身体语言、面部表情，甚至是领带和衣服的颜色中得到有用的线索。

这时你的价值观会受到严峻的考验。你有可能会在瞬间造就或毁掉自己的名声。看看纽约市长鲁迪·朱利安尼在"9·11"事件后的表现吧。当我们的国家领导人纷纷躲到掩体之后的时候，朱利安尼却频频出现在各种场合，跟纽约人一起哀悼。他尤其关心那些冒着生命危险奋战在第一线的纽约警察和消防队员。最终，朱利安尼成为了纽约的象征，他为整座城市注入了强大的信心，带领它战胜了这场历史上最严重的灾难。

当然，类似"9·11"这样的事件根本是无法预测的。但如果能坚守自己的真北，坚定自己的原则和信念，你就随时可以应对任何可能出现的意外。当你根据自己的价值观作出决定，而不是一味地担心自己的公众形象时，人们就会把你看成一位值得信赖的、愿意为了大局而牺牲个人利益的领导者。

要保持透明

处理公众事件的关键在于要保持公开、直接、透明。危机之中，公司员工和外部观察家都会变得非常敏感，他们会观察领导者任何企图掩盖真相的行径。一旦发现领导者有这样的做法，他们会立刻将其拆穿——尤其是当随后的事件证明领导者所说的话不准确，或者甚至可能是在误导公众的时候。

从外部来说，你应当主动接触媒体、你的客户、股东和其他跟公司未来有关联的人。我发现，当媒体从业人员发现你在讲真话，并且没有试图隐藏任何问题或丑陋的细节时，他们往往会对你非常尊重。相反，一旦感觉领导者并没有实话实说，他们就会变得咄咄逼人，甚至会把那些最不靠谱的谣言或指控公之于众。

保持透明会让你的组织显得更公开、更人性化。它会让人感觉这家组织的领导者跟普通人一样，也要应对各种艰难的挑战。当你保持公开时，你就更容易获取人们的支持。如果人们感觉你把所有情况都公之于众了，一旦情况进一步恶化——很多时候都是如此——他们就会更容易接受你的辩解。遇

> 在商界，信任就是一切，一家公司的成功在很大程度上取决于客户对自己所购买的产品的信任、员工对管理层的信任，以及投资者对管理者的信任。

到危机时，你应该向组织内部所有人保持开放，你要前往所有的分公司和实验室，去生产现场，积极参加公司的各种内部活动。

刚刚上任不久的药业巨头礼来公司 CEO 李励达（John Lechleiter）每隔几个星期都会更新自己的博客，跟全世界的员工分享自己的心得。每次更新博客之后，他都会收到成百上千封邮件，其中大部分他都会亲自回复。李励达发现，他

> 如果你能保持一个开放的心态，你就会发现，自己从失败当中学到的东西要比从成功中学到的还要多。

的博客帮助他跟全世界的礼来公司员工们形成了一种更加积极的关系，也让公司显得更加人性化。

为什么很多领导者不喜欢透明呢？一部分原因是因为这样做需要大量时间，而且很多领导者担心"用一种非正式的方式公布信息"会招致更多误解，甚至有些信息还可能会成为竞争对手、媒体或其他外部机构的把柄。所以用非正式的方式公布信息要比通过官方渠道公布信息风险大很多，也需要领导者更有技巧。但从另一个角度来看，这么做也会给组织带来巨大的好处。

毫无疑问，任何透明都是有限度的，比如领导者在公布信息时绝对不能公布那些可能会对公司造成伤害的机密信息——当然，领导者也不能以此为借口隐藏一些关键信息。

将内部沟通和外部沟通糅合到一起

当今世界，内部沟通和外部沟通已经日趋融为一体，二者之

间不再泾渭分明。领导者在公司内部所说的话很快就会被传到外面，而外面的信息也会很快传到公司内部。所以领导者一定要确保在公司内外所公布的信息保持一致。

保持坦诚有时可能会给你带来一些意外的麻烦。20 世纪 90 年代，我就曾经遇到过类似的问题。在一次有 300 位同事参加的美敦力的主席吹风会上，我公开了公司经营状况，还有很多人通过卫星直播看到了这一场面。回到办公室之后，我发现我的部分讲话出现在了路透社的新闻里。不幸的是，路透社完全是在断章取义——因为这则报道在我话还没说完的时候就已经发出了。

汉克·保尔森：高盛公司前 CEO 用坦诚立于政商两界

高盛公司 CEO 汉克·保尔森（Hank Paulson）也是一个非常公开的人。2003 年初，由于网络泡沫破灭，高盛公司不得不减员，在一次行业会议上，保尔森告诉证券分析师们，他相信这次裁员完全不会影响到高盛的业务。他说（很快他就对这句话感到后悔了）"高盛公司 20% 的员工创造了 80% 的价值"。他的这一言论很快在网络上公布开来，竞争对手用其对高盛大加攻击。

这件事在高盛内部引发了一场轩然大波，因为高盛一直非常重视团队作业和员工个人价值。幸运的是，保尔森并没有逃避来自公司内外的指责。第二天一大早，他就向全球 3 万名高盛员工发去一封语音邮件，向他们表示歉意，并再次对所有员工所作出的贡献表示认可。

这场经济危机爆发时，作为美国财政部长，保尔森临危受命。他凭一己之力让自己的上司布什总统、美联储主席本·伯南克（Ben Bernanke）和蒂莫西·盖特纳（Timothy Geithner）免受攻击。虽然偶尔也会犯一些错误，也会遭到一些批评，但保尔森却凭着坦诚和勇气——这两种品格伴随了他的整个职业生涯——确立了自己的领导地位。

应对"叛徒"

如果发现公司内部有人把机密信息泄露给外部律师或政府官员，你该怎么办？有时候，做出这种行径的人很可能是用心良好，他们只是看不惯公司内部的一些不诚实的交易罢了；还有些时候，这些信息可能是误导甚至是虚假的，但却被当成事实在媒体上公之于众。

遇到如此复杂的情况时，**领导者该如何应对这些可能的"叛徒"呢？一种方式就是让整个组织保持透明，让所有信息在公司中自由流动，让那些心有怨言的员工们有机会表达自己的不满。**美敦力开设了一条机密热线，让员工可以通过匿名方式来表达自己的担忧或不满。我们还确立了一套固定的流程来处理这些投诉，以判断其是否真实，并决定该如何进行后续处理。

记得有一次，我们刚刚收购的一家公司有一位员工打来电话，指出这家公司在美敦力进行收购之前曾经欺瞒 FDA。初步调查表明，这位员工所反映的情况确实存在。于是我们立刻将情况报给 FDA，并紧急把该公司所有产品从市面上召回。我们始终不知道这个电话是谁打来的，但此人的确帮了美敦力一个大忙。FDA 也对美敦力坦诚相告并立即纠正错误行径的做法非常满意。

创建坦诚的组织文化

在《透明》(Transparency) 一书中，沃伦·本尼斯、丹尼尔·戈尔曼 (Daniel Goleman)、詹姆斯·奥图尔 (James O'Toole) 曾经反复强调创建一个"坦诚的组织文化"的重要性。如果没有这样一种组织文化，信息就无法在组织内部自由流通，组织领导者们就会被蒙在鼓里。要想形成这样一种文化，领导者首先要以身作则，然后他们才能要求其他组织成员保持同样坦诚。

作为领导者，你需要让身边的人知道当前的组织状况究竟如何。你越是保持坦诚开放，人们就越会重视你的看法，他们就越不会去听信谣言。而反过来，如果不能从领导者身上得到自己想要的答案，他们自然就会加入谣言传播者的大军。

对外展露自信，对内表现怀疑

在公众看来，领导者应当知道很多问题的答案。但当你不知道答案时，你应该说什么呢？事实上，危机刚刚爆发时，很多领导者都对眼前的情况一无所知。这时他们手头的信息往往是支离破碎的，他们只能尽量把片段的信息拼凑成一个完整的故事，所以领导者在这时会感觉无所适从。人们指望你能安定军心，告诉大家一切都会过去。但如果你并不了解实际情况到底有多糟糕，要做到这点就非常困难了。遇到这种情况时，你该如何给公众带来信心呢？

在了解实际情况之前，大多数领导者很自然地会听从律师和公共关系专家们的建议。他们会选择保持沉默，或者发布一些无关痛痒的评论，而这只会让公众感觉领导者对实情一无所知，或者毫不关心，甚至是在刻意逃避。更为糟糕的是，这可能会给组织外部的敌人以可乘之机，让他们发布一些可能会

> 认清自己可以让你的人生指针变得稳定，接受自己则可以让你内心的力量变得更加强大。

对组织不利的言论。很快，谣言就会在组织内外流传开来。本来完全可以控制的一场危机就会突然之间变成一场失控的灾难。

当今时代，媒体们最感兴趣的话题就是各种灾难和问题，"大事化小"的策略已经行不通了。领导者们必须学会讲故事。最好的办法就是抓住机会，把你所知道的一切和盘托出，同时告诉对方你已经安排人搜集所有信息了。

卡尔·威克（Karl Weick）曾经用沃伦·本尼斯职业生涯中的一件事来说明他所谓的"怀疑的价值"。本尼斯当时正在哈佛商学院发表演讲，突然保罗·约维斯卡（Paul Ylvisaker）问道："沃伦，你真的喜欢在辛辛那提大学当校长吗？"沉默半晌之后，本尼斯回答道："我也不知道。"第二天，在飞回辛辛那提的航班上，本尼斯再次想起了约维斯卡的问题。他不得不承认自己并不喜欢当大学校长。两个月后，他宣布辞职。

试问一下，如果本尼斯继续从事一份自己不喜欢的工作，结

果又会如何呢？没有人能够给出确切的答案，就连本尼斯本人也做不到。但有一点是肯定的，如果本尼斯继续当校长，他根本不可能在过去 30 年间为世界贡献出那么多伟大的作品。通过辞去一份自己并不喜欢的工作，投入全部精力进行自己钟爱的写作，本尼斯不仅取得了更大的成就，而且影响了成千上万人的生活。

　　每个领导者都会有一些不为人知的故事，很少有人能像本尼斯那样坦诚。他们担心自己看起来会显得很无知、不确定，或者让人感觉自己对眼前的事情毫无控制权。考虑到如今媒体世界瞬息万变，这种担心完全是可以理解的。**事实上，坦承自己的无知要比假装无所不知安全得多**。它会让大家感觉形势的确充满不确定性，也会让领导者有更多的时间去寻求理解，而不用过早地作出承诺。

　　根本没有必要过早地总结引出问题的原因，因为后续发生的事情很可能会让你被迫得出完全相反的结论。更为重要的是，你需要让大家确信你在努力查清问题的来龙去脉，并且会采取措施来处理可能的后果。

谁应当对危机负责

罗伯特·艾克特：美泰玩具公司前 CEO 推卸责任而反受其害

　　2007 年，美泰玩具公司（Mattel Toys）CEO 罗伯特·艾克特（Robert Eckert）收到消费者投诉，宣称该公司生产的玩具中含有铅成分。随后的事实表明，美泰的很多玩具含铅量都超标。这一事件让美泰公司不得不从市场上召回数百万件玩具。可美泰公司并不打算对此事负责，在该公司发布的召回声明中宣称：所有这些玩具都是由公司的中国制造商生产的，跟该公司无关。

2007 年 9 月 11 日，在接受国会质询时，艾克特把所有责任推到了中国制造商身上："我们的制造商没有遵守规则，这导致我们从市场上召回了数百万件含有铅颜料的玩具。"此事引发了一场对中国制造商的集体抵制，公众一致认为他们缺乏一套行之有效的儿童产品安全标准。参议员萨姆·布朗贝克（Sam Brownbeck）煽风点火："'中国制造'如今已经成为一个危险的标签。"随后美泰的一家供应商老板自杀身亡。

这不由得使人们发出疑问，这件事到底该由谁负责：美泰还是它的制造商？在对中国制造商发起连续几个星期的攻击之后，美泰的执行副总裁最终向一位中国部长致歉，表示不应该拿中国制造商当替罪羊。他告诉这位部长："美泰对此次召回应负全部责任，我本人向您，向中国人民表示诚挚的歉意。"

在美国消费者心目中，"中国制造"的产品——美泰和其他玩具公司的所有产品均来自中国——被等同于"不安全产品"。既然美泰在这些玩具上打上了自己的标签，它就应当负责检验这些产品是否符合安全标准，事情发生之后，美泰应当立即承担全部责任。但艾克特却选择了把责任推卸给中国制造商，并在美国掀起了一股反华浪潮。

最后，艾克特反受其害，他和公司的声誉反而因此遭受更大的损害。

大卫·尼尔曼：捷蓝公司创始人斥巨资挽救市场信心

2007 年的情人节，捷蓝公司创始人大卫·尼尔曼 (David Neeleman) 遇到了其职业生涯中最大的一场危机。东海岸的一场冰风暴让捷蓝公司 9 架航班的乘客们滞留在机场长达 10 个小时。在接下来的几天中，共计超过 1 000 架航班被取消。虽然其他航空公司也遇到了同样的问题，但媒体的负面报道却主要集中在捷蓝航空公司上——因为多年来，该公司一直以卓越的客户服务质量而闻名。

由于尼尔曼的特长是营销，所以他一直把公司的日常运营授权给首席运营官戴夫·巴尔杰 (Dave Barger)。但风暴爆发时，巴尔杰正在佛罗里达，并在风暴之后在那里继续停留了几天。就这样，在没有 COO 的情况下，尼尔曼接下来的整整一个星期都坚守在捷蓝的运营中心，努力帮助手下一帮年轻的经理恢复正常的工作状态。

按照常理，尼尔曼完全可以把责任推卸到这场冰风暴。但他并没有这么做，相反，他深入挖掘了捷蓝的运营细节，意识到这家正在成长的年轻公司并没有一套完整的系统来帮助人们处理重大突发事件。"这是一个运营上的失败，"他说道，"捷蓝虽然建立了自己的应急控制中心，但我们的人根本没有接受过系统训练，而且没有丝毫处理类似危机的经验，所以一旦发生危机，他们就会手足无措。"

为了对整个公司进行一场大的整顿，尼尔曼说服联邦航空管理中心的拉塞·周（Russell Chew）加入捷蓝。"周帮助我们把一切拉回了正轨。"尼尔曼后来骄傲地总结道。

与此同时，尼尔曼开始想尽一切办法恢复客户对捷蓝的信心，他在电视上直接向公众道歉。在接下来的一个星期里，他先后出现在了《大卫·莱特曼》（David Letterman）和《今日秀》等节目中，他甚至把自己的视频上传到了 YouTube 上。

尼尔曼表示，捷蓝将为自己的错误决定承担全部责任，并承诺退还乘客所有费用。他一直在不停地道歉。最后他甚至迈出了航空业史无前例的一步，承诺签署一部《客户权利法案》，保证捷蓝公司将投入 3 000 万美金补偿那些在冰风暴中被滞留的乘客。

并非所有的故事都有一个幸福的结局。捷蓝董事会的某些成员感觉尼尔曼做得有些过火了，认为他不应该没完没了地向公众道歉，为捷蓝公司的运营问题而向公众作出太多赔偿，并认为公司的运营失误应当由尼尔曼负责。最终董事会要求尼尔曼辞去 CEO 职务，并提拔巴尔杰担任此职。第二年，尼尔曼离开了自己亲手创建的航空公司，创建了一家新的低成本运营的巴西航空公司——具有讽刺意味的是，他把这家航空公司命名为 Azul，葡萄牙语中"蓝色"的意思。

　　我们可以看出，尼尔曼处理危机的方式跟美泰的艾克特形成了鲜明对比。艾克特拒绝承担责任，而尼尔曼却会亲自找出问题的根源，承担起全部责任，并采取措施永远解决这些问题。通过这些做法，尼尔曼很快赢回了公众对捷蓝公司的信任。

　　毫不夸张地说，是尼尔曼拯救了捷蓝公司和它的声誉。没错，他因此失去了工作，但却保持了自己的人格。尼尔曼的做法需要很大的勇气——但这难道不正是穿越危机所需要的东西吗？

修炼要言

◆ 当今时代，每个人都生活在聚光灯下，领导者们很难再通过发布错误的信息来误导公众。

◆ 如今人们获取信息的方式多种多样，真相迟早会浮出水面。

◆ 信息传播的速度是越来越快，领导者必须在危机爆发之前在组织内外建立一套透明的传播系统。

◆ 在危机爆发的最初几个小时里，领导者一定要向公司内外发出清晰的声音，承担全部责任，并帮助所有利益相关人恢复信心。

第**7**章
LESSON 7

主动出击，全力制胜

Go on Offense，Focus on Winning Now

危机过后，市场绝对不会回复之前的样子。这就
要求你对危机之后的客户需求作出清晰预测，制定一
份目标明确的策略来重塑市场。

有必要时，要编造理由主动出击！

培　根

英国哲学家

到目前为止，我们一直在讨论如何成功渡过危机。这只是完成了一半任务。学完如何防守之后，接下来我们该讨论如何发起进攻、发力制胜了。

不妨把危机看成是一件礼物。它为你提供了一个难得一遇的黄金机遇，可以帮助你重塑自己的公司和行业，并成为最终的赢家。但要想做到这一点，你首先必须足够大胆，集中精力抓住机遇。

很多领导者会假设，只要能渡过危机，一切都会恢复到之前的状态。于是他们会想尽办法挨过眼前的困难，等待暴风雨过去。与此同时，他们的竞争对手却在按照对自己有利的方式改造整个市场。有一点可以确定，危机过后，市场绝对不会回复到之前的样子。

> 你必须时刻保持更新，了解市场。当你真的把一件事情放在心上的时候，它就成了你的生活，而不再只是一份简单的工作。

华尔街那些静候 2006 ~ 2007 年黄金年代的人们恐怕要等上很长一段时间了。高利润的时代可能还会回来，但获取高利润的方式却截然不同了。

既然如此，为什么你不主动去重塑市场呢？首先，你需要清楚地看到未来的市场会是什么样子。这就要求你对危机之后的客户需求作出清晰的预测。其次，你需要制定一份目标明确的策略来重塑市场，最大限度地发挥你的优势，痛击竞争对手的软肋。

然后你必须积极地将这一策略付诸实行，要像在危机中求生时那样不遗余力。如果能够做到这一点，或许会让你的竞争对手措手不及。等他们缓过神来，弄清楚你到底在做什么的时候，你很可能已经在后危机时代的市场上重新占据了领导位置。

改造市场以及你的公司

下面我们看看极富远见的领导者们是如何利用危机来改造自己的公司和各自市场的：百事可乐的英德拉·努伊、IBM 的彭明盛、Infosys 的纳拉亚纳·穆尔蒂，以及苹果公司的史蒂夫·乔布斯。

英德拉·努伊：百事可乐公司 CEO 的社会责任

2009 年 5 月，百事可乐公司 CEO 英德拉·努伊对公司新一代 CEO 发表了一场颇具深意的演讲。演讲的主题围绕 CEO 们的社会责任展开。"那些不择手段获取投资回报的商业领导者如今已经行不通了。"她说道，"新一代 CEO 必须创建可持久的价值。当一家公司获得社会许可开展经营的时候，它同时必须向社会尽一份责任。仅仅追求短期业绩是不够的。业绩一定要符合公司的目标，否则的话，业绩很快就会消失一空。"

对于努伊来说，这些话并非只是口头说说，同时也是她在百事可乐任职多年的真实写照。努伊于 2006 年 8 月被提拔为百事可乐 CEO，上任之后，这位印度裔的 CEO 立刻意识到百事可乐正在面临着非常棘手的社会问题。她预测，人们对肥胖、糖尿病、健康食物，以及获取清洁饮用水等问题的关注将会日益升级。她决定不去抵制这些潮流，而是要重塑百事，要带领百事获取"符合使命感的业绩"。

努伊知道，百事可乐必须拓展自己的业务范围，不再局限于传统的含糖饮料和高卡路里零食——长久以来，这些饮料和食物一直是百事可乐公司的主要收入来源。正如《美国新闻》在 2008 年努伊当选为"美国最佳商业领袖"时所说的那样，"努伊带领百事可乐从垃圾食品转向了健康食品，从咖啡因可乐转向果汁，从关注股东价值转向注重可持续发展"。努伊命令研发人员开发符合人们健康意识的新食品，研发那些高能量食物——比如说佳得乐和真北系列健康食品。

努伊没有止步于此。她还将百事可乐在美国一半的销售收入用来研发健康食品，发起抵制肥胖的运动，并投入 1 600 万美金向发展中国家捐赠安全用水，同时保存了 50 亿加仑的清洁用水。就这样，努伊带领百事可乐顺应了新的潮流——而不是逆流而上——成为了一家积极承担社会责任的公司。她把全球范围的百事大家庭团结起来，清晰地把公司的战略和价值观传达给每一个人。这就是为什么她能够被奉为"21世纪CEO的一个典范"。

彭明盛：IBM公司CEO重塑核心价值观

2003年，彭明盛被选为IBM CEO，接替传奇人物郭士纳的职位。彭明盛的整个职业生涯都是在IBM度过的，他非常清楚自己面前的任务——重建IBM——有多么艰巨。但他既没有打算模仿郭士纳，也没有试图推翻前任的做法。

彭明盛并没有静等全球化的挑战，他知道全球化时代即将到来，对技术发展的方向也了如指掌。他按照这一思路重新调整IBM的战略，将其打造成为一个完整的系统提供商，以满足全球客户不断变化的需要，把工作重点从硬件转移到服务上去。

彭明盛还希望IBM人能够更加注重价值观的力量。他没有自上而下地强制推行IBM传统的价值观念，而是发动了一场"价值观运动"，让全球范围内的IBM员工可以在72小时之内通过网络提交"IBM应该遵守的价值观"。

这场运动为IBM确立了三个新的核心价值观：致力于帮助客户成功、革新和信任。就这样，彭明盛成功地赢得了员工们对这些价值观的支持。按照20世纪60年代营销大师马歇尔·麦克卢汉（Marshall McLuhan）的说法，"媒介就是信息"。彭明盛用 IBM 自己的网络技术召集员工创建了一条受到广泛支持的信息渠道。

他还把 IBM 在全球范围内的 344 000 名员工汇集到一起，打造了一家"全球性整合企业"。在 2006 年《外交事务》(*Foreign Affairs*) 杂志发表的一篇文章中，彭明盛阐述了 IBM 是如何利用公司的新结构——这种结构类似网络，而不是 IBM 延续几十年的等级结构——来满足全球范围内客户新需求的。

2006 年，彭明盛终于迎来了一次机会来展示 IBM 的全球协同作业能力。就在这一年，IBM 开始为全球最大的银行之一——中国工商银行——安装一套大型信息沟通系统。在高盛公司的帮助下，IBM 帮助中国工商银行将现有的 5 万家分散在全球各地的营业网点整合成 18 000 家运营中心，并通过 IBM 安装的新系统连接成一体。中国工商银行董事长自豪地告诉我，这是中国有史以来安装的最大的一套计算机网络系统。"如果没有彭明盛先生的支持，我们是不可能做到这一点的。"

在担任 CEO 早期，彭明盛曾经因为始终没有推动 IBM 股价上涨而饱受攻击。但他非常清楚，自己所发动的战略和文化变革的成效要在 5 到 7 年之后才能显现。这场全球经济危机爆发之后，彭明盛所做的一切终于显示出了作用：危机之下，IBM 的赢利水平一直保持增长势头，股票价格也一路飙升。就这样，彭明盛成功地预测了全球化时代的到来，并带领自己的公司成为这一浪潮中的大赢家。

纳拉亚纳·穆尔蒂：Infosys 创始人以小搏大

35 岁那年，纳拉亚纳·穆尔蒂和 5 位同事一起在印度班加罗尔（Bangalore）创办了 Infosys。虽然他们的初始投资只有不到 100 美金，但纳拉亚纳·穆尔蒂却坚信这家以定制软件为主业的公司一定会成为"印度最受尊敬的公司"。穆尔蒂后来这样回忆公司初创时期的情景："每一天都是危机，我们只能靠收入滚动发展，但这种情况却恰恰让我们变得更加懂得节制。早期的艰辛并没有影响我们的热情。"

由于穆尔蒂拒绝向电话公司行贿，Infosys 用了整整一年时间才申请到自己的办公电话。"让我们筋疲力尽的并不是财务问题，而是如何坚持自己的价值观。"穆尔蒂说道，"我们始终坚信，一个人只有对得起自己的良心，才能过得心安理得。如果你在刚开始的几笔交易中有所松动，以后就很难坚持自己的价值观。"

几乎所有公司都会在初创时期经历至少一次濒临死亡的时刻，Infosys 也不例外。1989 年，美国政府开始减少签证发放，Infosys 的程序人员根本无法前往美国为客户服务，不仅如此，当年印度政府还放松了贸易限制，允许类似 IBM 之类的跨国巨头开始进入印度市场，这更是让 Infosys 雪上加霜。

几乎所有人都认为 Infosys 这次死定了，一位创始人宣布退出，其他人也开始动摇。穆尔蒂却信心十足，他甚至提出要收购退出者的股份。情况立刻发生了变化。一位创始人告诉他："只要你能坚持下去，我就跟你一起坚持。"后来穆尔蒂承认，其实自己根本没钱收购任何人的股份。

时势造英雄。这场危机让穆尔蒂不得不制定一套新的战略，以同等甚至更高的软件质量来迎战那些跨国巨头。凭着鼓舞人心的工作环境和科学的薪酬体系，Infosys 成功地招募了一大批低成本高水平的技术人员。穆尔蒂的战略终于取得了巨大成功。这家公司最终从不到 100 人的团队成长为超过 10 万名员工的航母公司，市值超过 100 亿美金。

史蒂夫·乔布斯：苹果公司 CEO 的持续革命

苹果公司创始人史蒂夫·乔布斯也在 1997 年重回苹果公司担任 CEO 时取得了类似的成就。1976 年，21 岁的乔布斯创办了苹果公司，用带有用户友好界面的麦金托什电脑引领了一场个人电脑的新革命。1985 年，在与公司 CEO 约翰·斯卡里（John Sculley）的一场权力斗争中，乔布斯被逐出苹果公司。随后他创办了 NeXT 电脑公司，收购了皮克斯公司，并成功地制作出 11 部极其成功的动画电影。

苹果公司收购 NeXT 之后，乔布斯把皮克斯出售给沃特·迪斯尼公司，再次回到苹果公司。由于意识到 IBM 已经牢牢占据了公司电脑网络行业，乔布斯决定用 iPod 和 iTune 重新改造苹果公司以及整个音乐行业。如今他正在用 iPhone 在手机市场发动同样的革命。

在其极富传奇色彩的人生旅程中，乔布斯在每一阶段都发挥了自己的创造天赋改造了整个行业——首先是在个人电脑行业，接着是电影行业，后来是音乐和电信行业，并通过利用苹果公司的图形处理和用户界面方面的优势成为新行业中的大赢家。

上述每一位领导者都有足够的视野，能够正确地判断即将到来的变革。然后他们根据这些判断制定相应的策略，最大限度地发挥自身优势，并最终成为新兴变革的大赢家。通过这种方式，他们最大限度地弱化了危机对本公司的影响，并在危机之后取得成功。就这样，当竞争对手们还在忙着应对危机时，他们已经开始利用危机，迎接新一轮成功了。

在逆境中投资

有远见的公司都懂得如何在经济下滑时做好准备，以便帮助公司迎来长久的成功。他们很清楚，竞争对手很可能会在经济下滑期削减投资。虽然投资回报周期很长，但公司必须在经济下滑期加大投资，否则就无法在经济复苏时做好准备——要想做到这一点，公司必须拥有巨大的现金流。

在这个方面，有两家公司的做法可圈可点：英特尔和埃克森。两家公司都处于资本密集型行业，投资回报周期相当长。20 世纪 80 年代，英特尔和摩托罗拉在微处理器行业可谓针锋相对。到了

20 世纪 80 年代后期，当经济处于下滑期的时候，英特尔反而加大对奔腾处理器的投入，并投资晶圆制造设备生产，以降低生产成本。而另一方面，由于摩托罗拉的现金流极其有限，管理层不得不大幅削减投资，减少生产投入。当市场对微处理器的需求再度回升时，摩托罗拉一下子被英特尔的新产品打了个措手不及。最终，英特尔占领了微处理器市场 80% 的市场份额，而摩托罗拉最终只好退出微处理器行业。

1999 年，埃克森石油用当时最低的价格收购了美孚石油公司（Mobil Oil），当时每桶石油的成本只有 9 美金。为了保留现金储备，埃克森通过发行股票的方式完成了这笔金额高达 800 亿美金的交易——这也是此前历史上最大的一笔交易。这一策略为埃克森石油带来了源源不断的现金流，并最终购回了市场上所有为这笔交易而新发行的股票。

2009 年春季，石油价格从 2008 年 6 月的每桶 147 美金一路下滑到 40 美金，但即便如此，埃克森石油也没有丝毫动摇。它的执行团队曾经遇到过类似的情况，并且为最糟糕的情况做好了准备，不仅如此，他们还为可能出现的机遇打下

> 只有当你确定了自己生命中哪些东西才是最重要的时候，你才能更好地安排自己的生活，并成为一名卓越领导者。

了基础。值得一提的是，虽然石油的利润跟 2008 年相比已经相差很大，但埃克森还是在 2009 年 4 月宣布投入 290 亿美金用于生产——甚至超过了 2005 年 150 亿美金的水平。与此同时，埃克森的竞争对手却为了保留现金储备而不得不从大型项目上撤回

资金。

英特尔和埃克森在过去几十年间的成功说明了一个道理：成功的领导者懂得如何坚守自己的战略，专注于公司的长期发展，不被眼前的经济周期或短期危机带离既定轨道。

全力制胜的 7 个步骤

作为领导者，你该如何利用这场全球经济危机，或者任何其他类似的危机，趁机改造你的公司甚至你所面对的市场呢？下面 7 个步骤可以帮助你在危机之中转危为机。

第 1 步：反思你的行业策略。要想清晰地勾勒出危机过后你所在行业会是怎样的情形，你必须清楚地了解客户需求的变化。比如说当前这场危机过后，消费者的主要需求将会从昂贵的奢侈品转移到比较实用的商品上去。所以那些诸如内曼·马库斯（Neiman Marcus）和萨克斯（Saks）之类的高端百货商店才会门可罗雀。就连诸如塔吉特百货这样的时尚折扣店也经营惨淡。当然，这并不意味着人们对批量商品失去了兴趣。危机过后，消费者很可能不会再热衷于之前经常光顾的那些商店，转而钟情于那些低成本的商品。如果情况真的如此，你的公司该如何利用这一趋势呢？

第 2 步：抛弃你的弱势领域。危机能让你更清楚地看到自己公司的弱势，尤其是当你的组织过于官僚，行动过于缓慢，已经缺乏竞争力的时候，更是如此。施乐 CEO 安妮·马尔卡希的做法是裁掉 28 000 个工作岗位，重新恢复了施乐的竞争力。当前穆尔卡尼的策略是将施乐公司从一家复印机公司转化为无纸办公设备提供商。你该如何利用这场危机来抛掉公司的弱势，做好准备，迎接未来的竞争呢？再没有比这更好的机会了。

第 3 步：通过发挥自己的优势来重塑整个行业。 危机之中最大胆的战略莫过于，利用自身的优势推动整个行业向着有利于你的方向发展，同时暴露出竞争对手的弱势。IBM、苹果公司、美敦力的策略都是如此。你该使用怎样的策略才能暴露竞争对手的弱势呢？你该怎样才能让市场向着有利于你的方向发展呢？如今时代不同了，我们很难用某一套准则来应对所有的问题。要想在即将出现的市场中占据制高点，你需要一套集中的策略，最大限度地发挥自己的优势。

第 4 步：在经济下滑期作出重要投资。 在这方面，英特尔和埃克森公司为我们提供了良好的范例。这两家公司的经验告诉我们，要想在新兴市场上取得胜利，单靠坐等良机是绝对不行的。当制药行业似乎开始陷入困境时，诺华制药 CEO 丹·瓦瑟拉 (Dan Vasella) 反其道而行之，开始转向消费者健康行业，投入巨资收购相关公司。与此同时，他开始让诺华的药品行业转向一些针对特定人群的特供药物。想想看，危机之中，你该作出怎样的投资，从而确保危机之后，你能够在自己的行业里占据领导位置呢？当你的组织深陷危机时，你能否想出一些匪夷所思的战略，在新的战略方向作出投资呢？当经营陷入低谷时，要想打破传统思维，启动一项大胆的新战略，你需要拥有巨大的勇气。

第 5 步：让关键人员集中精力做最关键的事。 危机之中，最大的风险之一就在于：所有人都在划船，却没有人去掌舵。所以你应当组建一支精干的团队来规划危机之后的发展策略。这听起来似乎有些冒险——毕竟，在危机最严重、最需要人才的时候调出精锐部队去做这样一件事情，的确有些不合常理——但要想在危机过后成为领导者，你必须这么做。想想看，你该怎么调整自己的组织策略，以在危机过后成为赢家呢？

第 6 步：**创建公司的行业领袖形象**。当华尔街的分析师饱受争议，整个行业岌岌可危时，未来的金融领袖们却在忙着制定未来资本市场的新规则。2009 年 4 月，高盛公司的伊洛依德·布兰克费恩在一次行业大会上谈到了未来金融行业的新规则。他指出，金融行业要想实现复苏，就必须作出实质性变革，整个行业要有合理的风险规避策略，要有适当的行业规范，要建立符合市场长期利益的薪酬体系。想想看，你该如何确立自己公司的形象，使其能够真正懂得新环境下客户的需要，并在新兴市场上成为领导者呢？

第 7 步：**制订极富活力的执行计划**。最后一步常常是被忽略的。那些富有远见的领导者制定出了新的策略，却没有给出相应的计划来将这些策略付诸执行。毫无疑问，如果得不到执行，这些策略将毫无意义。要想让策略得到完美的执行，你不仅要在制订规划时考虑细节问题，还要在市场条件发生变化时调整战略，以满足新的客户需求。想想看，你的组织在执行计划方面做得如何？你是否调配了最合适的人选来完成这项任务，并为他们制定了非常详细的考核标准？你的计划是否足够灵活，能够随着市场环境的变化及时作出调整，同时又能坚守一定的底线？如果你对这三个问题的回答都是肯定的，那就说明你已经为成为未来的赢

152

家做好准备了。

　　坚守这 7 个步骤，你就能带领自己的组织安然渡过危机，并在危机之后成为行业的领军人物。通过主动出击，你将形成自己的竞争优势，确立自己的市场位置，保证组织未来的成长和成功。

修炼要言

◆ 危机爆发的时候，千万不能匍匐前进，一定要抬起头颅，像激光一样集中精力，谋求在危机过后的市场上成为领导者。

◆ 危机为你提供了最佳机遇，你可以借此按照对自己有利的方向重塑自己的市场。

◆ 最优秀的领导者之所以能够在危机过后成为赢家，是因为他们能够做到积极主动，能够大胆地将危机为己所用。

◆ 时刻充满激情，始终不渝地坚持用自己的领导力来让这个世界变得不同。

尾 声
CONCLUSION

危机可能是你的决定性时刻

Crisis May Be Your Defining Moment

你当前或者终将会面对的危机很可能会成为你职业生涯中的决定性时刻。一旦你下定决心，拿出勇气，宇宙苍生都会应声而动，帮助你将梦想变成现实。

　　很少有人能够伟大到可以改变历史的进程，但我们都可以改变其中的一小部分，当这些小部分综合到一起的时候，它们才会被写进一代人的历史。

罗伯特·肯尼迪

纽约州前参议员

除非下定决心，否则你将始终犹豫不决，

反复退缩，行动迟缓……

一旦下定决心，宇宙万物都会应声而动。

天地间所有的一切都会前来相助……

无论能做什么，或者梦想自己能做什么，立刻动手。

勇气能激发天分，赐予力量，施展魔力。

——W.H. 穆雷

　　你当前或者终将会面对的危机很可能会成为你职业生涯中的决定性时刻。苏格兰登山运动员穆雷的这首小诗蕴藏的智慧向今天面对危机的领导者们传达了一条至关重要的信息：一旦你下定决心，拿出勇气，宇宙苍生都会应声而动，帮助你将梦想变成现实。

　　在《危机 1932》（*The Defining Moment*）一书中，乔纳森·阿尔特曾经描述过富兰克林·罗斯福总统职业生涯中决定性的一刻。当罗斯福就任美国总统时，美国正处于大萧条最严峻的时期，经济几乎陷入崩溃：失业率高达 25%，有 34 个州的银行都被迫关门，商业投资降幅高达 90%。

1933 年 3 月 5 日，就在入主白宫的第一天，罗斯福总统就意识到自己必须承担起拯救整个国家的重任。在之前一天的就职演说中，罗斯福告诉美国人民："唯一值得恐惧的事情就是恐惧本身。"但直到第二天，罗斯福的内心仍然一团恐慌。尽管如此，罗斯福最终还是鼓起勇气，成功地带领美国走出萧条，并带领联军在二战中打败了纳粹德国和日本。

温斯顿·丘吉尔在二战中的表现同样也堪称领导者在面对危机时的经典案例。这场危机同样是他人生中的一个决定性时刻。在回想自己在不列颠之战中最黑暗的时刻时，丘吉尔说道："我感觉命运终于跟我走到了一起，似乎我以往的生活都是在为这一刻做准备。"

很多人说巴拉克·奥巴马在 2009 年 1 月 21 日，也就是他宣誓入主白宫的那一天，同样遇到了自己人生中的决定性时刻。事实可能如此，但在我看来，奥巴马职业生涯中的决定性时刻是在 2008 年 3 月 18 日。

那几天前后，奥巴马一直承受着来自媒体评论人士和劲敌希拉里·克林顿的猛烈攻击，他与激进牧师赖特的关系让他饱受攻击，各大有线电视台日复一日地播放赖特的传教言论，似乎要在整个国家引起一场种族纠纷。虽然美国人很想彻底消除种族区别造成的不良影响，但不管我们是否承认，种族之间的矛盾依然存在。

此前，奥巴马在竞选活动中始终没有涉及种族问题。现在他意识到自己不可能再回避这个问题了。虽然他在跟参议员希拉里的较量中开始占据上风，但人们对于种族纠纷的恐惧很可能会让他之前的所有努力功亏一篑。

奥巴马并没有动摇。他决定直面这一问题，并在费城的宪政大厅附近发表了一场规模盛大的公开演讲。他直面美国人的担忧，将自己的混血背景和盘托出，随后他将这一主题进一步升华，提出要将美国带入一种更加完美的团结状态：如果不携起手来，我们就根本不可能应对这一时代的诸多挑战，除非我们能够认识到，虽然我们每个人都有着不同的经历，但却有着共同的希望……我们都在向着同一个方向前进，在为我们的孩子和子孙创造一个更加美好的未来。

每个人都有决定性时刻

我的人生决定性时刻出现在 1988 年，那时我在明尼苏达州，一个美丽的秋天，枫叶在秋日阳光的照射下发出红色和橙色的光泽。在开车回到我在湖边的家的路上，我不经意间看了一下后视镜，发现镜子里的那个人正生活在痛苦之中，人生已经偏离了自己的真北。

我问自己，怎么会这样呢？要知道，我的生活堪称完美：我有一位迷人的妻子，我们已经甜蜜相处了 20 年；我有两个出色的儿子；我还在明尼亚波利斯最大的公司之一担任执行副总裁。

可我在镜子里看到的，却是一个在努力成为像霍尼韦尔这样的大公司的 CEO，为了达到这一目的，我甚至不惜抛弃自己的真北。我在霍尼韦尔陷入了公司政治和虚假表象之中，完全失去了以往的淡然和镇定。为了给自己的上司留个好印象，我甚至戴起了袖扣——此前我从来没干过这样的事情。

突然之间，我意识到霍尼韦尔并不适合我，我也不会为这个环境中所发生的事情感到自豪。这一刻成为我职业生涯中的决定性时刻，我决定放弃成为霍尼韦尔的 CEO，重新捡起自己以价值观为指针的领导方式。

我开车回到家里，告诉太太彭尼我的感受。她说了一句非常富有智慧的话，"这一年来，我一直都想提醒你，但感觉你一直没有做好准备。"她说得简直太对了。往往只有离你最近的人才能看清真正的你，看到你的盲点。

就在 3 个月之前，我刚刚第 3 次（10 年之中）拒绝成为美敦力的 CEO，主要原因就是因为我感觉这家公司太小，不足以满足我的虚荣心。6 个月之后，我走进美敦力，成为这家公司的新任 CEO，我感觉自己好像回家一样——虽然我之前从没有踏进过美敦力的大门。但这里感觉就像是家，我相信自己可以在这里实现自己的成长，并帮助这家公司实现我们共同的愿景："重塑人们完整的生活和健康的体魄。"这一决定奠定我随后 20 年职业生涯的基础，其中前 13 年我一直在推动美敦力的成长，后 7 年则帮助培养新任领导者。

你的决定性时刻是什么时候？当那一刻到来的时候，你是否做好足够的准备去迎接自己的使命呢？

只有当你的人生遭遇危机的时候，你的决定性时刻才会到来。危机可以让你真正地认清自己。当你面临巨大压力，感觉后果极为严重的时候，你是否准备跟随自己的真北呢？

你在当下所面临的危机是否就是你的决定性时刻呢？在带领

人们穿越这些危机和挑战的过程中，你对自己有了哪些新认识？你是否始终坚持忠于自己的信念和价值观？你在遇到压力的时候，是否会打退堂鼓？你是否会因为某些外界的诱惑而偏离自己的真北呢？在回答这些问题的时候，你实际上就是在判定自己的领导行为是否足够真诚。

这一刻同样也定义你在其他人心目中的形象。人们非常清楚，危机才是真正的试金石，所以他们总是会记住领导者在危机之中的应对表现。所以人们才会在"9·11"之后公认纽约市长鲁迪·朱利安尼为成功的领导者。同样，只有当雷曼兄弟遭遇破产时，人们才发现理查德·富尔德并不是一位成功的执行官，他并不是人们想象的那个在过去 30 年间带领雷曼取得成长的那个人。

危机之中，人们真正在意的是领导者的内心和他们身上所散发出来的人性，而不是他们的智商。在《紧迫感》(*A Sense of Urgency*) 一书中，约翰·科特（John Kotter）这样写道："那些在危机中看到机遇的人……知道最大的问题在于人心，恐惧和愤怒能够置人于死地。他们知道人们内心需要希望，所以他们会在言谈举止中流露出巨大的热情、信念、乐观和钢铁般的坚定……他们会关照别人的内心，而不是大脑。"

让世界变得不同

1966 年，罗伯特·肯尼迪曾经说过："很少有人能够伟大到可以改变历史的进程，但我们都可以改变其中的一小部分，当这些小部分综合到一起的时候，它们才会被写进一代人的历史。"

我们可能并不能像罗斯福和丘吉尔那样去改变历史，但我们每个人却都有机会让世界变得不同——我们可以通过带领他人渡过危机来改变世界的一小部分。只要我们能够学会如何成为出色的领导者，新一代的历史就会变得无比辉煌。

这个世界迫切需要伟大的领导者。我们如今面临着 6 个迫在眉睫的问题：世界和平、健康医疗、能源和环境危机、就业机会、收入不均、教育。这些问题极其庞大而复杂，没有任何一家组织能单凭一己之力来解决它们。所以才需要我们每一个人发挥自己的领导才能，来改造这世界的一小部分。人类学家玛格丽特·米德（Margaret Mead）曾经说过："一小群人的力量就可以改变世界，这点毫无疑问。事实上，只有这种力量才能改变世界。"

你该如何带领自己的团队解决这些或其他你所看到的问题呢？千万不要希望在一夕之间心想事成。只要你下定决心，带领人们为这世界作出一点小小的改变，宇宙万物都会前来帮助你。未来画卷正在我们面前铺开，你必将在上面画上你的一笔。

时机到了，你该挺身而出，带领你的团队渡过眼下的危机了。要鼓足勇气，记住，勇气可以激发天才、力量和魔力。只要能坚守自己的真北，你就能让这世界变得不同。

这将是带领人们穿越危机之后，你所能得到的最大的奖赏。

《卓越领导的七项修炼》中
研究过的领导者

戴夫·巴尔杰 (Dave Barger)	捷蓝航空董事局主席兼 CEO
沃伦·本尼斯 (Warren Bennis)	南加利福尼亚大学商业管理教授
本·伯南克 (Ben Bernanke)	美联储主席
劳埃德·布兰克费恩 (Lloyd Blankfein)	高盛集团主席兼 CEO
约翰·霍普·布莱恩 (John Hope Bryant)	希望运营中心创始人
沃伦·巴菲特 (Warren Buffett)	伯克希尔·哈撒韦主席兼 CEO

续表

詹姆斯·伯克 (James Burke)	强生集团前主席兼 CEO
乔治·布什 (George W.Bush)	美国前总统
理查德·切尼 (Richard Cheney)	美国前副总统
拉塞·周 (Russell Chew)	捷蓝航空首席运营官
温斯顿·丘吉尔 (Winston Churchill)	英国前首相
希拉里·克林顿 (Hillary Clinton)	美国国务卿
杰拉德·克罗姆 (Gerhard Cromme)	西门子监督委员会主席
马克斯·德普雷 (Max DePree)	Herman Miller 公司前 CEO
杰米·戴蒙 (Jamie Dimon)	J.P. 摩根主席兼 CEO
罗伯特·艾克特 (Robert Eckert)	美泰玩具公司主席兼 CEO
卡莉·菲奥莉娜 (Carly Fiorina)	惠普公司前主席兼 CEO

续表

理查德·富尔德 （Richard Fuld）	雷曼兄弟公司前主席兼 CEO
蒂莫西·盖特纳 （Timothy Geithner）	美国财政部长
大卫·格根 （David Gergen）	哈佛大学肯尼迪政府学院公共领导力中心主任；曾历任尼克松、福特、里根和克林顿时期的白宫顾问
郭士纳 （Lou Gerster）	IBM 公司前主席兼 CEO
雷·吉尔马丁 （Ray Gilmartin）	默克公司前主席兼 CEO
鲁迪·朱利安尼 （Rudy Giuliani）	纽约前市长
汉克·格林伯格 （Hank Greenberg）	AIG 前公司主席兼 CEO
阿兰·格林斯潘 （Alan Greenspan）	美联储前主席
安迪·格鲁夫 （Andy Grove）	英特尔公司前主席兼 CEO
比尔·霍金斯 （Bill Hawkins）	美敦力公司前主席兼 CEO
杰夫·伊梅尔特 （Jeffrey Immelt）	通用电气主席兼 CEO

续表

史蒂夫·乔布斯 (Steve Jobs)	苹果公司主席兼 CEO
钟彬娴 (Andrea Jung)	雅芳公司主席兼 CEO
克劳斯·克莱恩菲尔德 (Klaus Kleinfeld)	美铝公司主席兼 CEO
温迪·科普 (Wendy Kopp)	"为美国教书"总裁兼创始人
肯尼思·莱 (Ken Lay)	安然公司前主席
李励达 (John Lechleiter)	礼来公司主席兼 CEO
爱德华·李迪 (Ed Liddy)	AIG 公司主席兼 CEO
罗旭德 (Peter Loescher)	西门子总裁兼 CEO
特里·朗德格仁 (Terry Lundgren)	梅西百货主席兼 CEO
约翰·麦克 (John Mack)	摩根士丹利主席兼 CEO
菲利普·麦克雷 (Philip McCrea)	ClearPoint 学习公司 CEO
罗伯特·麦克纳马拉 (Robert McNamara)	美国前国防部长

高登·莫尔 (Gordon Moore)	英特尔公司前主席兼 CEO
阿兰·穆拉里 (Alan Mulally)	福特汽车公司主席兼 CEO
安妮·马尔卡希 (Anne Mulcahy)	施乐公司主席兼 CEO
N.R. 纳拉亚纳·穆尔蒂 (N.R.Narayana Murthy)	Infosys 联合创始人兼首席导师 Infosys 前主席兼 CEO
大卫·尼尔曼 (David Neeleman)	捷蓝航空前主席兼 CEO
英德拉·努伊 (Indra Nooyi)	百事公司主席兼 CEO
巴拉克·奥巴马 (Barack Obama)	美国总统
萨缪尔·彭明盛 (Samuel Palmisano)	IBM 主席兼 CEO
潘迪特 (Vikram Pandit)	花旗集团主席兼 CEO
汉克·保尔森 (Henk Paulson)	美国前财政部长； 高盛集团前主席兼 CEO
泰德·派珀 (Tad Piper)	Piper Jaffray 公司前 CEO
查克·普林斯 (Chuck Prince)	花旗集团前主席兼 CEO

续表

裴熙亮 (Philip Purcell)	摩根士丹利前主席兼 CEO
富兰克林·罗斯福 (Franklin D.Roosevelt)	美国前总统
罗伯特·鲁宾 (Robert Rubin)	美国前财政部长
阿兰·施瓦茨 (Alan Schwartz)	贝尔斯登公司前 CEO
约翰·斯卡里 (John Sculley)	苹果公司前 CEO
凯文·夏尔 (Kevin Sharer)	安进公司主席兼 CEO
格雷格·斯坦哈菲尔 (Gregg Steinhafel)	塔吉特百货主席兼 CEO
马丁·萨利文 (Martin Sullivan)	AIG 前主席兼 CEO
劳伦斯·萨默斯 (Lawrence Summers)	美国总统首席经济顾问
查尔斯·桑顿 (Charles Thornton)	利顿工业前主席兼 CEO
罗伯特·乌尔里奇 (Robert Ulrich)	塔吉特百货前主席兼 CEO
丹·瓦瑟拉 (Dan Vasella)	诺华制药 CEO

冯必乐 (Heinrich von Pierer)	西门子前主席兼 CEO
温·瓦林 (Win Wallin)	美敦力前 CEO
莎朗·沃特金斯 (Sherron Watkins)	安然公司前副总裁
杰克·韦尔奇 (Jack Welch)	通用电气前主席兼 CEO
桑迪·威尔 (Sandy Well)	花旗集团前主席兼 CEO
欧普拉·温弗瑞 (Oprah Winfrey)	Harpo 公司主席兼创始人
杰里·约克 (Jerry York)	IBM 前首席财务官

附录2

你的个人领导力发展计划

个人领导力发展计划是一项包含各种练习的集合。你可以用它来指导自己的个人发展。你可以根据自己的领导经历不断对其进行更新，并按照你对自己的发展阶段评估来进行修改。

建议你用几个小时完成这个计划，同时考虑将这些练习跟你的一些个人的思想变化相互结合起来。

1. 你的真北

◆ 给自己写一篇文章，回答这样一个问题："我的真北是什么？"你怎么判断自己是否在追随自己的真北？

2. 智力发展

◆ 你准备如何提高自己的智力水平？

◆ 你准备如何扩大自己的智力范围？

◆ 你喜欢阅读哪些领域的文章？

◆ 你准备是通过生活还是旅行来提升自己的智力？

3. 个人自制力和压力管理

◆ 描述一下你的健康饮食计划。

◆ 描述你的个人锻炼计划。

◆ 你有何睡眠要求？你可以在多大程度上偏离自己的计划？

◆ 你准备通过下列哪些方式来管理自己的压力：

沉思或静坐

跑步或走路

去健身房或者进行对抗性的游戏

瑜伽或相似练习

祈祷或沉思

向配偶、朋友或导师倾诉

听音乐

看电视或电影

其他

4. 价值观、领导原则以及道德界限

◆ 按照重要性的顺序排列的话，对你来说最重要的价值观是

什么？（用星号标出那些你认为是从来没有违反过的价值观）

◆ 你在进行领导的时候所奉行的基本原则是什么？

◆ 指导你职业生涯的道德界限是什么？

5. 你的动力和激发能力

◆ 你的外在动力是什么？

◆ 你的内在动力是什么？

◆ 按照重要性的顺序列出你的动力来源。

◆ 你最大的强项是什么？

◆ 你有着怎样的发展需要?

◆ 你的激发动力是什么?

◆ 你在怎样的情况下能将自己的激发动力发挥到最大水平?

6. 个人反思

◆ 你会通过怎样的方式来进行反思?

◆ 你会进行哪些精神或宗教练习?

◆ 如果你不相信上述练习,你准备如何处理生活中所存在的问题?

◆ 你准备如何加强这些练习?

7. 培养关系

◆ 你生命中最重要的人是谁?

◆ 你跟谁能够毫无保留地敞开心扉?

◆ 当你感到沮丧的时候,你会向谁倾诉?

◆ 你的导师是谁?

◆ 你会向哪些朋友寻求慰藉或建议?

◆ 你会通过怎样的方式跟你的同事打成一片?

◆ 你想要建立一支自己的个人支持团队吗? 你准备如何利用这支团队?

8. 领导风格

◆ 你最喜欢的领导风格是怎样的?

◆ 你在遇到压力的时候经常会采用怎样的领导风格? 你准备通过怎样的方式来避免这些风格?

◆ 你准备通过怎样的方式来让自己变得更加灵活?

◆ 你准备如何培养自己,以及你的队友们,随机应变的能力?

◆ 你准备如何更加有效地利用自己的权力?

9. 领导力发展

◆ 要想发展自己的领导能力,你需要有些怎样的经历?

10. 整 合

◆ 你准备如何将自己的个人生活,家庭生活,朋友,社区生活等跟自己的职业生活结合起来,以便使自己成为一名更好的领导者?

◆ 为了实现你的职业和个人目标,你准备作出怎样的牺牲和取舍?

11. 领导目标和遗产

◆ 你的领导目标是什么?

◆ 你的目标跟你的真北,你的生活故事,以及你的激情之间有着怎样的联系?

◆ 你准备给下列对象留下怎样的遗产:

你的家庭

你的职业

你的朋友们

你所在的社区

12. 写一篇文章,谈谈你在自己的生命结束的时候会如何描述自己的生活故事,你希望自己的真诚领导之路能够在哪里结束。

附录3

《卓越领导的七项修炼》中
出现的部分公司简介

1. **霍尼韦尔公司** (Honeywell)，位居全球500强的霍尼韦尔公司是一家拥有百多年历史的多元化跨国企业，在高新技术和先进制造业方面占据世界领先地位，2007年全球营业总额将达到340亿美元。

2. **安进公司** (Amgen Incorporation)，成立于1980年，世界最大的生物制药公司，2000年财富500强排名，安进公司排在455位。2000年在全球医药50强中排在21位。

3. **美敦力公司** (Medtronic)，总部位于美国明尼苏达州明尼阿波利斯市，是全球领先的医疗科技公司，致力于为慢性疾病患者提供终身的治疗方案。公司成立于1949年，现在全球120多个国家开展业务，拥有雇员超过3万名，2006财政年度全球销售额达113亿美元，列《财富》杂志美国500强企业排名第235位及美国100家卓越雇主第71位（《财富》中文版，2007年1月）。

根据美国《商业周刊》的调查，美敦力公司股票市值位列全球1000家最大公司的第 54 位。

4. **诺华公司**（Novartis），世界 500 强，全球医药保健行业的领导者，核心业务涵盖专利药、消费者保健、非专利药、眼睛护理和动物保健等领域。

5. **安然公司**（Enron），世界上最大的能源、商品和服务公司之一，名列《财富》杂志"美国 500 强"的第七名，自称全球领先企业。然而，2001 年 12 月 2 日，安然公司突然向纽约破产法院申请破产保护，该案成为美国历史上最大的一宗破产案。这家昔日的能源巨头，特别是它的前任首席财务官，创建了一些不计入资产负债表的合伙企业，然后利用大胆的会计操作手法，来隐藏公司 130 亿美元的巨额债务并夸大公司业绩，以致暴露后资不抵债，被迫破产。安然丑闻案暴露了美国上市公司信息披露和会计制度等方面存在的严重不足，只有建立一个公开、公平、公正的社会监管机制，才能防患于未然。

6. **世通公司**（WorldCom），美国一家大电讯公司，主要从事互联网数据传输和长途电话业务，美国第二大长途电话运营商。它成立于 1985 年，成立后，该公司大量吞并其他公司，数量高达 70 多家，1994 年到 1999 年该公司股票价格增长 6 倍，十分抢手。该公司从而被看做美国新经济的一颗明星，公司创建人埃伯斯在网络界中的声誉与网络书店亚马逊公司的总裁贝佐斯齐名。但是，其管理高层参与大规模的会计欺诈，在过去三年中隐瞒成本的夸大的利润超过 70 亿美元。2002 年通过常规的内部会计查账，暴露出近 40 亿美元的假账。这是美国有史以来最大的会计假账丑闻。

7. **安达信公司**（Arthur Andersen），成立于 1913 年，自成立以来,一直以其稳健诚信的形象被公认为同行业中的"最佳精英"。1979 年，成为全球最大的会计专业服务公司，合伙人多达 1 000 多人。20 世纪 90 年代以后，与普华永道、毕马威、安永、德勤一道成为全球最大的五大会计师事务所。到 2001 年，安达信在全球 84 个国家和地区拥有 4 700 名合伙人、85 000 名员工，业务收入高达 93 亿美元，安达信负责安然公司的审计工作。随着安然问题的暴露,安达信一系列的造假行径相继揭露。2002 年 10 月，联邦政府控告其在安然公司破产案中销毁相关文件，阻挠美国证券交易委员会的调查，美国休斯敦联邦地区法院对安达信妨碍司法调查作出判决，罚款 50 万美元，并禁止它在 5 年内从事业务。安然案曝光后，安达信的声誉严重受损，业务量也大幅度下降。安达信在陪审团作出决定后就宣布从 2002 年 8 月 31 日起停止从事上市公司的审计业务，此后，2 000 多家上市公司客户陆续离开安达信。同时，安达信关闭了全国各地绝大多数办事处，员工人数也从 2.8 万人下降到目前的不足 2 000 人，面临破产，最后拍卖却无人收购。

8. **泰科公司** (Tyco International Ltd)，美国《财富》杂志 500 强企业之一，泰科前首席执行官和首席财务官通过未经授权的薪水发放，从这家工业集团盗用了超过 1.7 亿美元资金，并通过股票出售非法获利 4.3 亿美元。检方称，该公司前首席执行官还将公司资金用于个人用途，公司在 2005 年 3 月份宣布发现了约 2.65 亿美元至 3.25 亿美元之间的会计问题。至此，该公司的会计问题高达 15 亿美元左右。

9.IBM 公司（国际商业机器公司，International Business Machines Corporation），1911 年创立于美国，是全球最大的信息技术和业务解决方案公司，是一家拥有近 40 万员工、1 000 亿美元资产的大型企业，其 2008 年销售额超过 1 000 亿美元，净利润为 120 多亿美元。它是世界上经营最好、管理最成功的公司之一。

10.Infosys 信息技术有限公司（Infosys Technologies Ltd.），位列 2000 年福布斯全球 20 强，总部位于印度信息技术中心——班加罗尔市。在海外 15 个国家和地区设有办事处或分公司。2001～2002 年年度收入达 5.45 亿美元，Infosys 主要业务是：向全球客户提供咨询与软件等 IT 服务。

11."为美国而教书"项目(Teach for America，TFA)，该项目创建于 1989 年，其目标是让全国最优秀的大学毕业生到美国最贫困的地区从事为期两年的教育服务工作。

12. 施乐公司 (Xerox)，1906 年成立，是一家文案管理、处理技术公司，产品包括打印机，复印机，数字印刷设备以及相关的服务和耗材供应。在全球 150 多个国家和地区为用户提供着服务。施乐已成为当今世界文件处理设备提供最多、最完备及服务最完善的品牌。在 1998 年被《财富》杂志评为 500 强中的第 63 名。

13. 高盛集团 (Goldman Sachs)，1869 年创立于纽约曼哈顿，是华尔街上历史最悠久、经验最丰富、实力最雄厚的投资银行之一。世界三大投资银行之一，总部位于美国纽约。1999 年 5 月在纽约证券交易所挂牌上市，它是集投资银行、证券交易和投资管理等业务为一体的国际著名的投资银行。为全球成千上万重要客户，包括企业、金融机构、国家政府及富有的个人，提供全方位的高质量金融服务。2000 年世界 500 强的排名中,名列第 112 名,至 2004 年初,其股市价值达 500 亿美元。

14. **埃克森公司** (Exxon Corporation),世界上最大的跨国石油公司之一。属于洛克菲勒财团。在 1999 年美国《财富》杂志根据 1998 年总收入排名的世界 500 家最大公司中,埃克森公司位居第 8 位,在石油公司中排在第 1 位。同时,埃克森公司也是美国《石油情报周刊》1998 年 12 月 14 日根据 1997 年石油储量、天然气储量、石油产量、天然气产量、石油加工能力和油品销售量等 6 项指标综合测算排名的世界第 6 大石油公司。

15. **摩根士丹利** (Morgan Stanley),一家成立于美国纽约的国际金融服务公司,世界三大投资银行之一,提供包括证券、资产管理、企业合并重组和信用卡等多种金融服务,目前在全球 28 个国家的 600 多个城市设有代表处,雇员总数达 5 万多人。摩根士丹利以其优秀的金融咨询服务和市场执行实力享誉全球。作为一家在纽约证交所上市(代号:MWD)的全球金融服务公司,是全球证券、投资管理和信用卡市场的佼佼者。

16. **Piper Jaffray**,是一家以客户为中心的证券公司,创立时间为 1895 年,为客户提供高级的金融指南,投资产品,指定金融服务交易所的交易执行。服务对象:中型公司,政府,非营利组织和机构,以及私人投资者。

17. **默克公司** (Merck & Co Inc.),是世界制药企业的领先者,创立于 1891 年,总部设于美国新泽西州,全球总共有约 5.52 万名雇员,是一家以科研为本,致力于研究、开发和销售创新医药产品的跨国制药企业。曾 16 次获得美国《财富》杂志"美国十大最受推崇公司"称号。

18. **通用电气**（General Electric Company，简称 GE），是世界上最大的电器和电子设备制造公司及提供技术和服务业务的跨国公司。总部位于美国康涅狄格州费尔菲尔德市，现有员工 31.5 万。

19. **英特尔公司**（Intel），半导体霸主。英特尔是全球最大的芯片制造商，同时也是计算机、网络和通信产品的领先制造商。它成立于 1968 年，具有 37 年的技术产品创新和市场领导的历史。1971 年，英特尔推出了全球第一枚微处理器。这一举措不仅改变了公司的未来，而且对整个工业产生了深远的影响。微处理器所带来的计算机和互联网革命，改变了这个世界。

20. **苹果公司**（Apple Inc.，简称 Apple），原称苹果电脑公司（Apple Computer，Inc.），总部位于美国加利福尼亚的库比提诺，核心业务是电子科技产品，目前全球电脑市场占有率为 7.96%。苹果的 Apple II 于 20 世纪 70 年代助长了个人电脑革命，其后的 Macintosh 接力于 20 世纪 80 年代持续发展。最知名的产品是其出品的 Apple II、Macintosh 电脑、iPod 数码音乐播放器、iTunes 音乐商店和 iPhone 手机，它在高科技企业中以创新而闻名。2007 年 1 月 9 日，苹果电脑公司更名为苹果公司。

21. **雅芳公司**（AVON），始终引领世界最新潮流的国际美容巨子，全美 500 家最有实力的企业之一，一家属于女性的公司。雅芳深信，女性的进步和成功，就是雅芳的进步和成功。1886 年，"雅芳之父"大卫·麦可尼（David McConnell）从一瓶随书附送的小香水中受到启发，"加州香芬公司"(the California Perfume

Company) 由此诞生。出于对伟大诗人莎士比亚的仰慕，1939 年，麦可尼先生以莎翁故乡一条名为"AVON"的河流重新为公司命名。

22. **百事公司** （PepsiCo），世界领先的饮料和休闲食品公司。百事公司是世界上最成功的消费品公司之一，在全球 200 多个国家和地区拥有 14 万雇员，其前身百事可乐公司创建于 1898 年。百事可乐公司于 1965 年与世界休闲食品最大的制造与销售商菲多利 （Frito-lay） 公司合并，组成了百事公司。

致　谢

本书的完成要归功于沃伦·本尼斯和Jossey-Bass公司的苏珊·威廉姆斯(Susan Williams)的鼓励，他们希望我能为当今的领导者们提供一本实用指南，帮助他们度过职业生涯中的危机时刻。本书内容来自我在多次危机之中亲自观察和感受到的经历。沃伦、苏珊和他们在Jossey-Bass的同事们为我提供了大量极富洞见的观点和建设性意见。

我还要深深感谢我所交往的领导者们，其中有很多位在本书中出现，他们带领自己的组织穿越了各种各样的危机，并最终让自己变得更加强大。他们愿意跟我分享自己的智慧——对于所有那些正在成长、希望能够用自己的领导天分让世界变得更美好的领导者来说，这无疑是一件值得庆幸的事情。

在创作和编辑本书过程中，尼丁·诺利亚 (Nitin Nohria)、彭妮·乔治 (Penny George)、格莱斯·卡汉 (Grace Kahng)、黛西·魏德曼·杜玲 (Daisy Wademan Dowling)、尼克·克雷格 (Nick Craig)、蒂姆·多尔曼 (Tim Dorman)、艾米·艾薇甘 (Amy Avergun)、马特·布里特菲尔德 (Matt Breitfelder)、雷·巴洛特

(Rye Barcott)、艾琳·怀特 (Erin White)，还有戴维·葛根 (David Gergen) 为我提供了大量宝贵的建议。此外还要特别感谢我的助手戴安·韦恩霍尔德 (Diane Weinhold)、我在哈佛商学院的助理凯西·法伦 (Kathy Farren)，还有帮助我完成文本，搜集大量参考文献的凯特林·维克塞尔 (Caitlin Weixel)。

如果没有我太太彭妮毫不动摇的支持、鼓励、建议和耐心，我根本不可能完成本书，正是从彭妮那里，我学到了很多关于人的知识，并学会了如何领导人们。

作者简介

全球最值得尊敬的商业领袖
比尔·乔治

教育背景

乔治亚理工学院工业工程学士学位

哈佛商学院 MBA

主要工作经历

哈佛大学商学院管理学教授（2004 年至今）

美敦力公司董事会主席（1996 ～ 2002 年）

美敦力公司首席执行官（1991 ～ 2001 年）

美敦力公司首席运营官（1989 ～ 1991 年）

代表作品

《真北：125 位全球顶尖领袖的领导力告白》

《找到你的真北：一份个人指南》

《真诚领导：重新发现创造持久价值的秘密》

荣誉 & 头衔

美国公共广播公司"25 年来最顶级的 25 位商业领袖"

美国管理学会"2001 年度执行官"

美国董事协会 "2001/2002 年度董事"

乔治亚理工大学和布莱恩特大学荣誉博士

美国卡内基国际和平基金会执行董事

美国世界经济论坛执行董事

埃克森石油公司董事

塔吉特百货公司董事

高盛公司董事

诺华制药公司董事

比尔·乔治曾长期供职于世界顶级医疗技术公司美敦力公司，1989～1991 担任公司首席运营官，1991～2001 年担任公司首席执行官，1996～2002 年担任公司董事会主席。在他的领导下，美敦力的市值从 11 亿美元暴涨至 600 亿美元，年增长率高达 35%。目前他同时兼任埃克森石油、高盛等多家公司董事。卸下美敦力公司董事会主席职务以后，于 2004 年开始担任哈佛大学商学院教授，讲授领导力课程，并著有多部畅销书。

此外，他还经常活跃在各种电视和广播节目当中，其中包括《查理·罗斯秀》(*Charlie Rose Show*)、CNBC、《今日秀》、《吉姆·赖勒新闻时间》(*The News Hour With Jim Lehrer*)、《彭博新闻》(*Bloomberg News*)、《福克斯商业新闻》(*Fox Business News*) 以及各种全国性的公共广播电台当中。他还曾经在《财富》

(*Fortune*)、《华尔街日报》(*Wall Street Journal*)、《商业周刊》(*Business Week*)、《哈佛商业评论》（*Harvard Business Review*）等各种刊物上发表过多篇文章，影响甚广。

全球销量超过 1 000 万册
美国前总统克林顿、《福布斯》鼎力推荐

王牌谈判大师罗杰·道森通过独创的优势谈判技巧，教会你如何在谈判桌前取胜，更教会你如何在谈判结束后让对手感觉到是他赢了这场谈判，而不是吃了亏。

无论你的谈判对手是房地产经纪人、汽车销售商、保险经纪人，还是家人、朋友、生意伙伴、上司，你都能通过优势谈判技巧成功地赢得谈判，并且赢得他们的好感。

你手上的这本书是由国际首席商业谈判大师罗杰·道森集 30 年的成功谈判经验著述而成，书中有详细的指导、生动而真实的案例、权威的大师手记和实用的建议，为你提供走上富足人生的优势指南。

〔美〕罗杰·道森 著
刘祥亚 译

重庆出版社
定 价：38.00 元

国际上最权威的商业谈判课程

连续数周雄踞《纽约时报》畅销书排行榜榜首
全球仅有的 28 名获颁 CSP&CPAE 认证的专业人员之一

教你每次都作出正确的商业和个人决定

谁说细节决定成败？比细节更重要的是决策！

每个人都是决策者，在工作及生活的方方面面都需要决策。然而，"正常"的决策者却常常会作出"傻瓜式"的决策。

为创作本书，罗杰·道森先后采访了无数顶级 CEO，认真听取他们的决策经验，结合自身经历，最终总结出了这套决策指南。书中包含了大量极富实战指导性的决策技巧，对各种不同的决策情形进行分析，帮助你在人生的各个领域作出正确的决定。

无论你是在计划更换工作，为你的公司选择一个新的战略方向，还是准备选购住房，《赢在决策力》都是你最佳的选择。本书专为每一个渴望成功的人而写，阅读本书，你将能在这充满竞争的世界胜人一筹。

有了这些决策方法，
你也可以运筹帷幄，决胜千里！

能让产品"卖出去"和"卖上价"的销售秘籍

克林顿首席谈判顾问、《优势谈判》作者
特别奉献给销售和采购人员的谈判圣经

〔美〕罗杰·道森 著
刘祥亚 译
重庆出版社
定 价:38.00 元

　　翻开这本国际谈判大师罗杰·道森的经典之作,你很快就会知晓答案。在书中,罗杰·道森针对销售谈判中涉及的各种问题,提出了 24 种绝对成交策略、6 种识破对方谈判诈术的技巧、3 步骤摆平愤怒买家的方法、2 种判断客户性格的标准等一系列被证实相当有效的实用性建议。书中生动真实的案例俯拾即是,不论你是营销大师,还是推销新卒;不论你是企业高管,还是商界菜鸟,本书都值得你一读,它不仅教会你如何通过谈判把产品"卖出去",还可以让你的产品"卖上价",进而大幅提高销售业绩和企业利润。

赚了对方的钱,还能让对方有赢的感觉

〔英〕乔恩·斯蒂尔 著
田丽霞 韩丹 译

重庆出版社
定 价:28.00 元

获得联合利华、百事可乐、苹果、三星、惠普、索尼、保时捷等顶尖名企广告合约的"陈述圣经"

用简单实用的陈述获得赞同和成功
以生动简洁的推介赢得订单和商机

你是否遇到过以下情形:

◆ 全情投入阐述观点,听众却不知所云;
◆ 设计出绝佳创意方案,客户却无动于衷;
◆ 竭力推销最新产品,顾客却毫不买账;
◆ 台上讲得天花乱坠,台下听众昏昏欲睡。

　　如确有其事,请把本书送给自己或他人,相信一定会出现意想不到的结果。

全球广告巨头奥美环球 CEO　　北美最大的独立媒体服务公司克拉美国 CEO
全球第二大消费用品制造商联合利华市场营销总监　　美国著名创意公司马丁广告总裁

| 联袂推荐 |

短信查询正版图书及中奖办法

A．电话查询
  1．揭开防伪标签获取密码，用手机或座机拨打4006608315；
  2．听到语音提示后，输入标识物上的20位密码；
  3．语言提示：你所购买的产品是中资海派商务管理（深圳）有限公司出品的正版图书。

B．手机短信查询方法（移动收费0.2元/次，联通收费0.3元/次）
  1．揭开防伪标签，露出标签下20位密码，输入标识物上的20位密码，确认发送；
  2．发送至958879(8)08，得到版权信息。

C．互联网查询方法
  1．揭开防伪标签，露出标签下20位密码；
  2．登录 www.Nb315.com；
  3．进入"查询服务""防伪标查询"；
  4．输入20位密码，得到版权信息。

中奖者请将20位密码以及中奖人姓名、身份证号码、电话、收件人地址和邮编 E-mail 至 szmiss@126.com，或传真至 0755-25970309。

一等奖：168.00 元人民币(现金)；
二等奖：图书一册；
三等奖：本公司图书 6 折优惠邮购资格。
再次谢谢你惠顾本公司产品。本活动解释权归本公司所有。

读者服务信箱

感谢的话

谢谢你购买本书！顺便提醒你如何使用 ihappy 书系：
◆　全书先看一遍，对全书的内容留下概念。
◆　再看第二遍，用寻宝的方式，选择你关心的章节仔细地阅读，将"法宝"谨记于心。
◆　将书中的方法与你现有的工作、生活作比较，再融合你的经验，理出你最适用的方法。
◆　新方法的导入使用要有决心，事前作好计划及准备。
◆　经常查阅本书，并与你的生活、工作相结合，自然有机会成为一个"成功者"。

<table>
<tr><td rowspan="10">优
惠
订
购</td><td colspan="2">订阅人</td><td>部　门</td><td></td><td>单位名称</td><td></td></tr>
<tr><td colspan="2">地　　址</td><td colspan="4"></td></tr>
<tr><td colspan="2">电　话</td><td colspan="2"></td><td>传　真</td><td></td></tr>
<tr><td colspan="2">电子邮箱</td><td></td><td>公司网址</td><td>邮　编</td><td></td></tr>
<tr><td rowspan="1">订
购
书
目</td><td colspan="5"></td></tr>
<tr><td rowspan="3">付
款
方
式</td><td>邮局汇款</td><td colspan="4">中资海派商务管理（深圳）有限公司
中国深圳银湖路中国脑库 A 栋四楼　　　　邮编：518029</td></tr>
<tr><td>银行电汇
或 转账</td><td colspan="4">户　名：中资海派商务管理（深圳）有限公司
开户行：招行深圳科苑支行
账　号：81 5781 4257 1000 1
交行太平洋卡户名：桂林　　卡号：6014 2836 3110 4770 8</td></tr>
<tr><td>附
注</td><td colspan="4">1.请将订阅单连同汇款单影印件传真或邮寄，以凭办理。
2.订阅单请用正楷填写清楚，以便以最快方式送达。
3.咨询热线：0755-25970306转158、168　　传　真：0755-25970309
E-mail：szmiss@126.com</td></tr>
</table>

→利用本订购单订购一律享受 9 折特价优惠。
→团购 30 本以上 8.5 折优惠。